追光而遇　沐光而行

程江月　主　编

中国海洋大学出版社

· 青岛 ·

图书在版编目（CIP）数据

追光而遇　沐光而行 / 程江月主编 . -- 青岛 : 中
国海洋大学出版社, 2024. 7. -- ISBN 978-7-5670-3915-5

Ⅰ. G61

中国国家版本馆 CIP 数据核字第 2024WR5088 号

追光而遇　沐光而行
ZHUIGUANG ER YU　MUGUANG ER XING

出版发行	中国海洋大学出版社
社　　址	青岛市香港东路 23 号　　　　邮政编码　266071
出 版 人	刘文菁
网　　址	http://pub.ouc.edu.cn
订购电话	0532 - 82032573（传真）
责任编辑	邹伟真　刘　琳　　　　　　电　　话　0532 - 85902533
印　　制	日照日报印务中心
版　　次	2024 年 7 月第 1 版
印　　次	2024 年 7 月第 1 次印刷
成品尺寸	170 mm × 240 mm
印　　张	12. 25
字　　数	205 千
印　　数	1—1 000
定　　价	50. 00 元

发现印装质量问题，请致电 0633 - 2298958，由印刷厂负责调换。

前言

　　时光荏苒，白驹过隙。我受邀担任程江月名师工作室导师的情景，仿佛还在眼前。回想 2021 年 4 月工作室刚刚成立时，大家围坐在一起商讨着三年发展规划和个人成长愿景。教师积极地各抒己见，我也深深被大家那强烈的教育使命感和严谨执着的研究热情所感染和震撼。

　　热爱可抵岁月长。跟随工作室成员走进孩子们的一日活动，走进日常的教学教研，走进每一场经验分享专题研讨会，我都能感受到大家对学前教育事业的赤诚初心，体会到大家对孩子们满满的爱和充满智慧的互动引领。在一篇篇笔记、文案中，我看到了大家在"尊重儿童的发展规律和特点""坚守儿童立场""遵循儿童视角"理念上的更新，在教育实践活动思路、策略及反思程度等方面的提升和成长。即便是经历了线上教学的特殊时期，大家在坚守岗位职责之余，静心学习、深刻思考，积极投入在线交流研讨，研析学习活动也依然有序地推进，激情不减，成绩斐然。

　　路漫漫其修远兮。学前教育是根基教育，作为新时代的学前教育人，在深耕教育理念和实践策略的同时，更要重视对当下时代背景、社会发展、儿童成长现状的关注和领悟，在生活中充分观察，优化儿童生活的环境和资源，与儿童有效互动并解析儿童行为，让社会文化与幼儿园生活适切融合，真正满足每名儿童的兴趣，促进儿童的成长。教师要走的路还很长，愿在工作室里结下的情谊和美好的共研时光，能成为大家持续研究的不竭动力，奋楫扬帆，向光而行！

青岛市市北区教育研究发展中心　朱　平

2023 年 11 月 4 日

目录

多措并举 互动提升——工作室活动简讯 …………………… 145

用心做事　用爱育人
——教育随笔

融入孩子,快乐生活

莱西市机关幼儿园　程江月

　　时光荏苒,有幸和一群群孩子相伴一个个春夏秋冬,时间虽不长,但我的感受却颇多。幼儿园的工作细小烦琐、平实单一,看似简单却又如此深奥,因为它需要我们倾尽所有的细心、耐心、爱心、责任心去观察、探索、研究。只有投入,我们才会发现自己的生活是多么充实,多么快乐,多么富有生命的质感。

　　记得刚接大班时,我总觉得自己已经工作多年,也就"婆婆妈妈小事一堆,忙忙碌碌两点一线"。每天上课、下课、游戏、活动,日复一日,年复一年,沮丧着上班,不由自主地拉长脸对着那一张张新面孔,没有激情,更谈不上快乐。孩子们的世界和我似乎是两不相干的,毫无瓜葛,与此同时,孩子们脸上也流露出失望。

　　我想,如果不是昕昕(本书孩子姓名均为化名)家长的那番话,至今我也迈不过那道"心槛",她说:"程老师,昕昕回家说你是她最好的朋友!我把孩子调到你们班真是太幸运了,我不是想让你把孩子教成天才,而是我相信在大班这一年里,你能让孩子获得最大可能的发展……"

　　平日里能说会道的我语噎了。

　　从那时起,当我从家长手中牵过孩子的小手时,感觉自己握住的不单单是一双小手,还有一份莫大的信任与责任。于是,我不再茫茫然,人云亦云,而是重新反思自己的工作,反思怎样与孩子相处,反思如何去做一个有思想的老师。我要和孩子们交朋友,要融入他们的世界。我知道了做这些平凡的小事也是一项不平凡的大事业,从喝水、吃饭到记录个案、设计数字,点点滴滴,我都用心去观察、去思考。我想让家长、领导放心,我想让每一个从我手中走出的孩子在小事中得到大发展。

怎样才能和孩子交上朋友？怎样消除师幼距离感？怎样融入他们的精彩世界？这些都是难题。多利用谈话活动让孩子畅所欲言：我喜欢什么样的老师，我对老师说句悄悄话……我用心倾听他们的知心话语，试着和他们交朋友，细心观察他们的每一点进步，抓住闪亮点来鼓励他们，让他们敢说敢做，激发他们的集体荣誉感。有了这种强劲的团队精神，大家参加幼儿园组织的每项活动都异常有自信，表现积极。"妈妈，我们班表演游戏得了第一！""爸爸，我们班音乐游戏'蜜蜂狗熊'又得了第一。"是的，大家一起努力还获得了"优秀班级"的荣誉称号。

我和配班老师尝试着忘记自己是老师，和孩子们一起游戏，一起兴奋、欢呼，一起看蚂蚁上树，一起为蜗牛搬家。我们把自己的小事说给孩子听，孩子也都把自己的烦恼、忧愁讲给我们听。"有解决不了的事找老师！"孩子们都知道。时常有家长反映，孩子回家说："妈妈，如果你像我们老师那样就好了！"现在你看到的是一群自信、独立自主、健康、快乐的孩子们。他们用稚嫩的笔尖描绘心中的彩图，我推荐近百名幼儿参加了全国"双龙杯""素质杯"等各种大赛，获得金奖、银奖、铜奖的好成绩，我也因此获得了优秀园丁奖、优秀辅导员奖等称号。

有人说："你们幼儿园老师越活越年轻，真好！"是啊，我想其中的奥秘便是融入孩子，和孩子一起快乐生活！

遇见螳螂

莱西市水集街道中心幼儿园 丁贝贝

一、遇见螳螂

周一户外活动时在草地上发现了一只螳螂，我轻轻地把它拿起来放在手心里让孩子们观察。正值深秋，天气有点冷，孩子们都穿着外套，他们看到螳螂后都担心螳螂会冷，就跟我商量要把螳螂带到教室里。我答应了孩子们的要求，将螳螂带回了教室。可是问题来了，螳螂带回来了，把它放在什么地方呢？我将这个问题抛给了孩子们，他们你一言我一语地讨论着，有的说把它放到奶箱里，有的说把它放到盘子里，有的说把它放到柜子里，有的说把它用卫生纸包起来，有的说……最后我们一起决定把它装到橡皮泥盒里。问题又来了，橡皮泥盒盖上盖子会不会把螳螂憋死？孩子们建议在盖子上钻一些小孔，这样有空气进入盒子，螳螂就憋不死了。盒子改装好后，螳螂住了进去，从此科学区就有了螳螂的家，原来不被青睐的科学区变得热闹起来。

二、螳螂吃了它的小伙伴

午餐后散步时，于新小朋友捉到了一只绿色的蚂蚱，孩子们很兴奋，觉得可以让它和螳螂做个伴。于是他们让蚂蚱也住进了螳螂的家里。中午刚一起床就有孩子去看望它们。"天哪，蚂蚱被螳螂咬着吃了！"这一声尖叫把孩子们全都吸引到科学区。"蚂蚱真的是被螳螂吃了吗？""你看蚂蚱的肚子没有了。""蚂蚱的头和身体都不会动了。""蚂蚱好可怜呢！"他们惊奇地议论着，为小蚂蚱的不幸遭遇而伤心。

科学区里十分拥挤，我急忙示意孩子们搬小椅子坐下，然后将螳螂的家搬到教室前边的桌子上，带领孩子们展开了讨论："螳螂为什么要吃蚂蚱？""因为它肚子饿了。"于新说。"对对，肯定是饿了。"好多孩子点头附和。"我看黑猫警长的动画片时，看到螳螂新娘把螳螂新郎给吃了呢，好像吃了螳螂新郎以后螳螂新娘才可以生宝宝。"正正提出了不同的意见。"那我们这只是公螳螂还是母螳螂呢？"博宇说……孩子们的问题一个接着一个，争论地不可开交。"如何才能辨别是公螳螂还是母螳螂呢？"我反问孩子们。"母螳螂会生小宝宝。"哈哈，孩子们根据自己的经验给出了答案。"那接下来我们就拭目以待，看看这只螳螂会不会生出小宝宝吧，至于它吃蚂蚱的真正原因，大家可以上网或者上图书馆查一查。"我给出了这样的建议。我想，这是孩子们人生中第一次面对真实的弱肉强食，虽然它们看起来都不是很强大。

三、喂螳螂

周二早晨,有孩子带了为螳螂寻找的食物投到螳螂家里,螳螂居然大快朵颐,吃得不错。我很好奇,他们是怎样给螳螂选择食物的。原来他们都在家里查阅了有关螳螂的生活习性,了解到螳螂是杂食性动物,最爱吃小昆虫,也吃植物的果子和菜叶等。这一天陆续有孩子三三两两结伴去看螳螂吃东西。他们也许还不能深刻地理解食物链的残酷,但已经能够接受螳螂吃蚂蚱这一自然现象。

四、螳螂家的不速之客

周三早晨,第一个来园的皓皓直奔科学区。"老师,螳螂的家里这是什么呀?"我急忙跑过去,天哪,一个淡黄色的半椭圆形的卵安静地趴在盒子里的一小截枯枝上。生命是多么的奇妙啊,不过三两日,螳螂居然就生宝宝了!孩子们陆续入园,无一例外地被螳螂家的这个不速之客吸引。"老师,这个东西是怎么进去的?""老师,这是螳螂生的宝宝吗?""螳螂的宝宝不应该是小螳螂吗?可是这个东西不会动,长得跟螳螂一点也不像呀。"这么奇妙的生命的诞生,如何能不引发孩子们的好奇心?"这个东西呀,我也不太清楚是什么,大家自己想办法弄清楚这是不是螳螂的宝宝,它为什么和妈妈长得不一样呢?"我没有立刻给出孩子答案,而是留下了悬念。接下来的故事一直延续到春暖花开……

五、螳螂的一生

螳螂宝宝的出生引发了孩子们对生命诞生的探究兴趣。在这个过程中,孩子们观察、记录、提问、争论、查阅资料,学习了解关于螳螂的各种各样的知识:① 螳螂是无脊椎动物,属于昆虫纲,身体呈中型或者较大,头部呈倒三角形,复眼大而明亮,触角细长,颈部可以自由转动,身体呈黄褐色、灰褐色或绿色,胸部有翅 2 对、足 3 对。② 雌性螳螂产卵既不产在地下,也不产在植物茎中,而是将卵产在树枝表面。交尾后两天先从腹部排出泡沫状物质,然后在上面顺次产卵,泡沫状物质很快凝固,形成坚硬的卵鞘。螳螂宝宝在卵鞘中称作"桑螵蛸"或"螵蛸",每个卵鞘中有 20～40 个卵,排成 2～4 列,每个雌虫可产 4～5

个卵鞘。次年夏天，从卵鞘中孵化出数百只若虫，蜕皮数次发育成为成虫，螳螂家的不速之客就是螳螂的卵鞘。③ 刚出生的小螳螂身上还带着一层蛹壳，不久黑色的眼睛就变得明显。随后，小螳螂的腿开始挣脱蛹壳，然后全身都钻了出来，开始转头伸腿的活动。最后，小螳螂会把蛹皮从后腹部甩掉，一只只小螳螂原本有些软的身体逐渐变硬，开始四处走动。④ 雌性螳螂食欲、食量和捕捉能力均大于雄性，雌性有时还能吃掉雌性。据科学家推测，雌螳螂吃掉雄螳螂是为了补充能量（这也正好解释了螳螂吃掉蚂蚱的原因）。

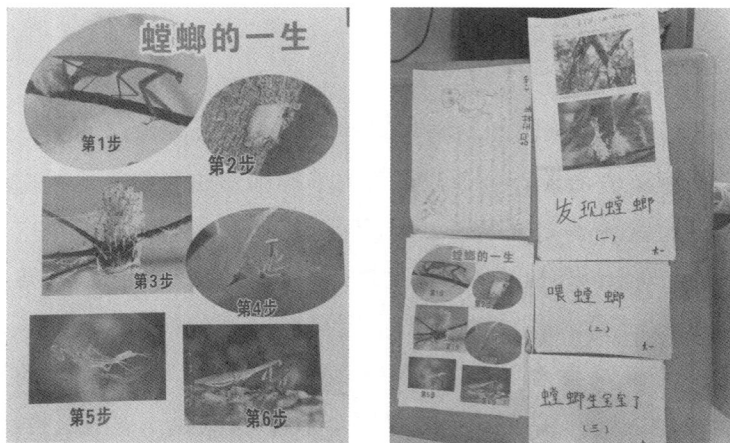

螳螂的一生展报

我将所有收集到的图片、影像、文字资料等整合到一起，放到了科学区，供孩子们观察、饲养螳螂时参考，像科学家一样对比验证，了解螳螂如何从一个小小的卵长成一只威武的螳螂妈妈或者螳螂爸爸。

儿童有着与生俱来的好奇心和探究欲望。好奇、好问、好探索是幼儿的年龄特点。探究既是幼儿科学学习的目标，也是幼儿科学学习的途径。大自然和生活中真实的事物与现象是幼儿科学探索的基本内容。与一只螳螂的相遇，点燃的不只是孩子的好奇心，它唤醒了幼儿对身边事物敏锐的感觉，对螳螂宝宝诞生过程的初步了解，让孩子们对每一个生命都充满了敬畏之情！

感谢大自然，让我和孩子在深秋遇到了一只即将产卵的螳螂妈妈；感谢孩子的好奇心、同情心，让我们得以与一只螳螂近距离接触；感谢勇敢的螳螂妈妈，为我和孩子呈现了另一种形式的生命的延续；感谢螳螂宝宝顽强的生命力，让我和孩子见证了生命成长的神奇！

儿时的游戏

莱西市香港路幼儿园　李　娟

还记得小时候的经典游戏吗？想想现在孩子们的玩具真是琳琅满目，花样各异。面对这些更新速度快、做工精致的玩具时，我们是否还记得流行于 20 世纪 60、70、80 年代的一项传统游戏——翻绳。一根毛线，一双手，就可以体会无限的乐趣。可以一个人玩，也可和同伴一起玩，通过手指灵活地支撑、勾、挑、翻、收、放等动作，便可以翻出各种生动有趣的花样，孩子们可以玩在其中、学在其中、乐在其中，对身心发展有着特有的教育作用。

苏联教育家苏霍姆林斯基曾说：儿童的才智反映在他们的手指尖上。许多科学家也都证实，手与脑之间有着千丝万缕的联系，手指的动作越复杂、越精巧、越熟练，就越能促进脑神经的发展。翻绳游戏的活动，主要是依靠手指来操作。每一个造型图案，需要手指完成撑、压、挑、翻、勾、放等精微的动作，需要左右手配合一致，需要每根手指巧妙地分工。要求孩子们做到眼尖、脑灵、手准，手脑一致，手眼协调。在整个翻绳活动中，蕴含了从观察到思维、从认识到操作、从想象到创造等多种教育契机。

我们既可以常常动动手，还可以增进亲子之间的感情。当孩子们进行翻绳游戏时，作为孩子们的支持者、合作者、引导者，老师带着热情、爱心、兴趣参与孩子们的活动，自然灵活地调整自己的角色，用适宜的行为来满足孩子们的不同需求。当孩子们遇到困难时，老师是他们的支持者，给予环境上的支持、材料上的支持和翻绳技能上的帮助；当孩子们获得成功时，老师是他们的观众，为他们鼓掌喝彩；当孩子们创新翻出新颖的图案时，老师是他们的学生，虚心向孩子请教；当孩子们需要合作时，老师是他们的伙伴，面对一次又一次的图案变化，和孩子们一起惊喜，一起赞叹。在平等的交往互动中包含着智慧的激发、经验的交流、情感的共享。

　　这种相互学习、相互作用、共生共长的互动关系，有利于形成民主平等、尊重理解、亲密友好的师幼关系，能营造一种生动和谐的教育氛围，从而调动起孩子们参与活动的积极性、主动性和创造性。

　　流行的不一定成为经典，但经典一定曾经流行过，让我们摒弃华美包装的外衣，多多重温这些经典游戏吧！

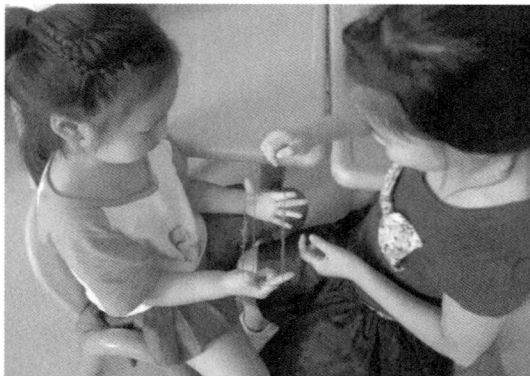

一起来玩翻绳游戏

爱要大声说出来

莱西市香港路小学幼儿园　林华华

　　工作这么多年，每天迎着一张张熟悉可爱的笑脸，我的心底装满了对他们的爱。可是，很多时候我也会像传统的家长一样，只是默默地照顾他们的生活，大到身体健康、能力发展，小到穿衣住行、饮食用水，却很少张开嘴巴说出那一句：我爱你们。

　　这一天我同往常一样，绘声绘色地给孩子们讲故事，孩子们仰着小脸儿跟着故事情节或高兴或失落，我的心里别提多高兴了！休息时间到了，孩子们开始如厕、喝水、玩区域活动，大家兴奋地撒起欢来。"慢慢走！不要在教室里跑。""要有序拿放材料。"……我的各种叮咛又开始了,可是这些调皮的孩子却总是忍不住偷偷地"犯错",要么趁老师不注意一溜烟跑出去,要么在卫生间嬉戏打闹,真叫人担心!正当我要大声提醒时,悦悦却悄悄走了过来,小手张开抱住我的腰,小脑袋只够到我的肚子,仰起小脸小声地对我说:"老师,我好喜欢你呀。"

一个暖暖的抱抱,突然让我很不好意思。是呀,孩子喜欢我,就来抱一抱我;我爱他们,却有时还对他们大呼小叫,什么时候我也成了那个"面目狰狞"地满口说爱的人呢?我再次请小朋友们坐好,温柔地与他们交流:"孩子们,老师经常提醒大家不乱跑、不拥挤、不打闹,你们知道为什么吗?"孩子们说得头头是道:"会受伤!""会摔倒!""会流血!"我肯定地说:"是呀,老师爱你们,如果你们不小心受伤了、流血了,老师心里会很难过的!请小朋友们保护好自己,不要让爱你的爸爸妈妈还有老师难过,好吗?"没想到这话刚一说完就起了作用,小朋友们互相看了看,赶紧端端正正地坐着。我看在眼里,甜滋味在心里。原来爱才是最厉害的武器,一句简单的"我爱你们",让接受的人甘之如饴,也让付出的人满含热情。

在后来的教学工作中我又如法炮制,有话主动说出口,对帮助老师的孩子说"谢谢你",孩子听到了之后也会在盛午饭、拿点心的时候,对老师说一句"谢谢老师";在收玩具的时候,提醒孩子们慢慢来,别摔倒,在体育活动时互相提醒"慢点儿跑"。爱要大声说出来,我们的班级就会成为一个大家庭,这个家会充满更多的爱,充满更多的希望。

梳小辫的幸福

莱西市机关幼儿园　宋雪玲

每天午睡起床后,搬把椅子坐在孩子们中间为她们梳辫子已成为我生活的一种享受。其实我并不太会梳理头发,每次给孩子们扎的辫子总是歪歪扭扭的,但孩子们喜欢，我就沉醉其中。而且这让我有更多的机会了解孩子，触摸孩子的心灵；让我和孩子们之间更加信任、和谐。

每当扎辫时刻，我们之间的距离拉得更近了，孩子们总是叽叽喳喳地和我说个不停。

"老师，我妈刚给我买了电子琴！""老师，那首歌我会了！""老师，我敢走独木桥了……"当然，此时也是我了解他们生活、心理和进行适时指点、鼓励的好时候。"你最喜欢老师什么？""你最喜欢什么？""你最愿意参与哪个活动？""你现在睡觉还用妈妈陪吗……"这些他们日常避而不答的问题，这时就会都争着回复，而且绝没有谎言。就这样，我把每天起床后给孩子梳理头发作为一种和孩子交流的方式，把梳个漂亮的发式作为对孩子的一种爱的鼓励。

看到梳好小辫的孩子们一个个满意地回到座位上，脸上洋溢着无以言表的欢愉，此时，我与她们一样幸福。我的幸福也就是在这日复一日平淡、平凡的工作中，不断发明新奇、新鲜的事物中积攒起来的。

大手拉小手　温情暖幼心

莱西市香港路幼儿园　隋明秀

每年幼儿园开学季是教师辛苦、家长担心、孩子动荡的时段。特别是小班刚入园这段时间，作为老师的我们最需要付出爱心和耐心。

今天是晓晓入园的第二天。昨天第一天入园，晓晓没有哭也没有闹，很高兴地和小伙伴一起玩耍，可是今天入园与妈妈分离的时候就开始哭闹，怎么哄都不行。我从妈妈怀里抱过她时，她还在拼命地挣扎，我抱着她来到了户外小院，一边走一边与她说着话："家里有晓晓的妈妈，而幼儿园里有老师，我们都爱晓晓，都喜欢和晓晓玩耍，等晓晓妈妈下班第一个来接晓晓回家。""晓晓快看，这有一朵小红花漂不漂亮？晓晓如果不哭就会和这小花儿一样漂亮。老师带你回教室送你一朵大红花吧？""小朋友们都在屋里想你呢，你的伙伴豆豆也在等你,要和你一起分享布娃娃,咱俩回去看看吧?"……随着我耐心地安慰,慢慢地晓晓哭声渐小了,我把她放下来,我们大手拉着小手聊着天一起往回走。回到教室,我拉着她的手先来到饮水机旁用她的小水杯接了杯水给她,等她把水喝完又拉着她的手一起去了娃娃家找豆豆玩。就这样,我的大手拉着她的小手一起走过了户外的活动场,又经过了教室的每一个角落,慢慢地晓晓不哭了,开始融入集体生活。

往后的日子里,当晓晓想妈妈的时候我就用我的大手拉着她的小手,安慰、陪伴着她,让她感受老师对她的关心和喜爱,让她感受到幼儿园这个大家庭的温暖和鼓励。很快,晓晓入园的焦虑没有了,她每天入园时都会主动与妈妈再见,有时还会像小姐姐一样照顾刚入园的小伙伴,用她的小手拉着小伙伴的手安慰、劝说他们,爱在相互传递。

《幼儿园教育指导纲要(试行)》中指出:"幼儿园教育要尊重幼儿的人格和权利,尊重幼儿身心发展的规律和学习特点,关注个别,促进每个幼儿富有个性地发展。"对于小班孩子来说,刚刚踏进幼儿园的大门意味着他们要脱离爸爸妈妈对她们无微不至地照顾,意味着长大要学会生活自理,学会过集体生活。但成长是需要时间和陪伴的,我们只有付出爱心、耐心和细心才能赢得他们的信任;我们只有敞开心扉与他们耐心交流,才能博得他们的喜欢;我们只有用行动温暖他们,才能让他们幼小的心灵与我们交汇,才能让他们快乐成长。

让我们用温暖的大手拉着孩子们可爱的小手,与父母一起陪伴他们快乐成长,让我们用真心换取他们的信任,陪伴他们健康愉快地长大!

你是好孩子,老师喜欢你

莱西市机关幼儿园　田雪梅

今日午休,孩子们特别兴奋,叽叽喳喳说个不停,我说:"安静、安静!"孩子们也没什么反应,仍然各说各的,这可怎么办?于是我想了一个好办法:和孩子说"咬耳朵"。没想到还挺有效果的呢。

我轻轻地走到一个小朋友跟前,抚摸了一下他的头,贴在他的耳边,说了声"咬耳朵",他笑眯眯地闭上眼睛。我的这一行为一下子吸引住了孩子们,他们马上静下来,轻声地对我说:"老师,你对他说什么了?"我装出一副神秘的样子说:"谁闭上眼睛我就告诉谁。"我对每个小朋友都说了同样的"咬耳朵"——你是好孩子,老师喜欢你,请你快快闭上眼睛,好好睡一觉,祝你做个好梦!

就这样,孩子们都甜甜地睡了,我心里有说不出的开心。

原来,爱就是这么简单,一个爱抚的动作,一句亲切的话语,就能使孩子感到爱的真谛。

通过这件小事,使我明白了一个深刻的道理:要教育好孩子,就要捉住契机,千万不要训斥或变相体罚孩子。因势利导,教育一定会达到事半功倍的效果。

鼻子里的泡泡

莱西市滨河幼儿园　　王　娟

由于天气的变化,这几天幼儿园好多孩子和老师都感冒了。属于易感人群的我当然也在劫难逃。今天感觉体力回升,可那满鼻子的黏液似乎不依不饶地展示着感冒的余威。不过,我还是感觉轻松多了,和孩子们在一起时的笑声又恢复了以往的清脆。

今天,我们班音乐活动的内容是歌曲《小海军》,这首歌曲的旋律、节奏和歌词都能很好地激发幼儿的学习欲望。因此,课前我精心设计了一些孩子们感兴趣的动作,以帮助幼儿理解歌词的内容和歌曲表达的意境。

音乐活动进行得和我预计地一样顺利。就在这时,一件令我非常尴尬的事发生了。当我唱到"轰轰轰"这句歌词时,随着气流的推动,堵塞的鼻子里突然吹出一个圆圆的鼻涕泡,而且大得令我自己都感到惊讶。我吓得赶紧闭嘴、捂鼻子。可是来不及了,在孩子们惊讶的神情和一双双小眼睛的注视中,我的脸腾地红了。一阵嘻嘻的窃笑声传来,随即是一片哈哈大笑。而且孩子们边笑边喊:"老师的鼻子也会吹泡泡!"

在笑声中,我大大方方地掏出纸巾,镇定地擦了擦鼻子:"有趣吗?唉——"我故意拖长声调,本来乱哄哄的活动室一下子安静了许多。"老师这两天可烦恼了,好难受呀!"我故意摆出一副愁眉苦脸的样子来。"我知道,老师是感冒了,我感冒时,也流鼻涕的",懂事的杨阳说:"我感冒时还要咳嗽,打喷嚏呢!"于是,所有的小朋友马上表现出了理解和体谅的样子。"可是,今天看到我们班有那么多可爱、勇敢的小海军,老师马上感觉身体好多了。"

整个事情发展的过程用了不到 3 分钟的时间,在这 3 分钟时间里,老师鼻子里吹出的泡泡除了让孩子们感到些许惊奇外,更多的是让孩子们同情和关心的情感得到发展。

在我们的教学活动中,时刻都会发生这样或那样的意外情况,这些事情的尴尬程度足以让老师的大脑进入暂时"休克"状态。千万别慌,老师必须学会灵活处理这些意外,不露声色地转移开,使教学活动能够继续进行。或许,在此过程中,未尝不可得到一些意外的收获!

真情奉献

莱西市月湖小学幼儿园　王均香

今天,我组织美工活动剪纸——做衣服。活动结束了,孩子们正在我的指导下收拾工具。这时,乐乐小声地说了一句:"老师,我还想多玩会儿。"

我真想劝他不要玩了,继续进行下一个活动。可是他为什么还对剪纸如此感兴趣呢?他为什么还要多玩一会儿呢?强烈的好奇心使我不由自主地走过去。只见乐乐剪了大小不等的 7 套衣服摆在活动区里。手里还有一件大裤子没剪完。我问他为什么剪这么多的衣服？乐乐一一做介绍："这件送给老师，这件送给超超小朋友，剩下的送给灾区的小朋友。"我带头为乐乐鼓起掌来，并且趁机表扬了乐乐小朋友有爱心意识。其他小朋友见了也纷纷表示要做衣服，也要献爱心。孩子们顿时热火朝天地活动起来，有的折衣服，有的剪衣服，有的画衣服。一会儿，春、夏、秋、冬各式各样的衣服贴了一墙。在此基础上，我们班开展了"我为灾区小朋友献爱心"活动，我给孩子们收集了一些有关贫困山区儿童的视频和故事，组织孩子们观看后进行讨论。有的孩子流下了同情的泪水，有的孩子捐献了自己的小衣服，有的孩子捐小鞋子、小帽子，有的孩子捐献了自己的小玩具，有的孩子把爸爸、妈妈给的零花钱捐出来了。每一件物品都饱含着孩子们的浓浓情谊。我们通过民政局让孩子们把自己的情谊送给了贫困地区的小朋友。

孩子们在不知不觉中接受了一次情感的洗礼。现在的孩子们丰衣足食，根本体会不到没有衣服穿或没有钱买东西时的心情，只知道索取，不知道奉献。通过这次活动，孩子体验到了奉献时的快乐心情，似乎一下子长大了许多。我也很庆幸留意了孩子的一句话，抓住了一次情感教育的契机，收获了意想不到的效果。

从"不一样"到"一样"

——宏宏蜕变记

莱西市沽河街道孙受中心幼儿园　张忠英　王建平

小二班有一位小女孩叫宏宏，她和其他的小朋友不一样。宏宏是春天入园的，半年过去了，一直没有融入集体生活中。

（1）她不参加集体教育活动，课堂上不坐也不学，在班级里走来走去。老师指导小朋友玩玩具，她就站在一边看，不参与。

（2）加餐时不管老师怎么劝说，她就是不吃，也不喝水，不上厕所。

（3）户外活动或早操时她也不出去，一个人在教室里走来走去，有时站在活动室门口向外望，有时自己去拿老师给她留的那份餐点吃起来。

（4）她不爱说话，问她什么，她就用摇头和点头来回答。全天脸上都一个表情，不哭也不笑。

（5）早晨入园，家长送到大门口，她自己走一步停一停，走两步站一站，要大半个上午也走不到活动室。刚开始时，老师看见她来了，就赶紧跑过去想牵着她的手，陪着她快一点回活动室，她要么把手藏在背后，要么就干脆抱住路边的树不走了。放学时，小朋友们都排队向外走，她不排队，站在后面，还是和早上来时一个样儿，家长在外边等得不耐烦了，就直接跑进来，把她的双手从树上掰下来，抱着她走，幼儿园天天上演她们的母女大战。

处理方法：家—园沟通。

我先特别关注了她几天，然后和家长沟通她的情况。家长反馈她在家里各方面表现还行，和邻居老人也能聊一会儿，就是姥姥叫她，她从来不应声。她妈妈感觉自从生了二胎以后，可能对宏宏的照顾少了些，她有时会冲着小弟弟发火，在家也不如以前那么活泼。经过几天的观察、了解，我觉得宏宏有可能是一个非常敏感、胆小、害羞、有爱心的小女孩。妈妈生了弟弟后，把大部分精力放在弟弟身上了，她就认为妈妈不喜欢她了，所以，她在家有时会冲着小弟弟发火。上幼儿园，班里的小朋友又那么多，老师也没有过多照顾她，所以，她才有以上表现，无非就是想引起家长和老师的注意。

了解到以上情况，我请家长配合共同来转变宏宏，家长非常同意。我给家长提了一些建议：回家多表扬、多抱抱她、多说爱她。我又和两位配班老师商量：要多关注她，多抱抱她，发现闪光点要及时表扬，及时强化她的正确行为。

可是毕竟宏宏已来幼儿园半年时间，现在想改变她恐怕没那么容易。我想先找到一个突破口，再趁热打铁。

一、建立情感基础

时间：9月4日—8日。

利用5天的时间和她建立感情。我故意找机会多和她说说话，多表扬她，多抱抱、亲亲她。我说:"宏宏,老师喜欢你。"刚开始时,她只是面无表情地看着我。几天后,我再去拉她的手,她也不会躲开,后来还会主动来到我的跟前,我会及时地给她一个爱的抚摸,她会微笑着看着我。

二、引导宏宏参与一日活动

(一)鼓励她坐下来

时间:9月11日上午。

为了不让她在教室里溜达,能坐在小椅子上,我尝试了以下集中沟通方法。

(1)讲道理:"宏宏,小朋友上课要坐好了,听老师讲……"没用,她摇摇头表示不坐。

(2)讲故事——讲小动物的故事给她听。"你不坐会影响其他小朋友的",说完,我按照以前的经验,把宏宏抱到小椅子上,她嗖的一下站起来,然后还是摇摇头表示不坐,再怎么劝也不坐下。

(3)严厉一点。我生气地说:"不坐就站着吧,不要影响其他小朋友。"她站在那里低着头哭起来,她哭了一会,我帮她擦擦泪水,想让她坐下,她还是站得直直的。

(4)转折点:这时一个小朋友说,他早上来的时候看见路上有一个傻子,穿着破衣服、破鞋、长长的头发、满脸的灰,在街上走来走去捡垃圾吃。又有几个小朋友说也看见了,大部分孩子不玩玩具了,在那津津有味地谈论起来,宏宏听着听着不哭了,目不转睛地看着、听着。我一看,机会来了。我蹲在宏宏的身边,小声地说:"那傻子小时候上幼儿园也不听老师的话,老师让他坐,他也不坐,你也想变成那样吗?"她摇摇头,我说:"对,你坐下,我才喜欢你,来。"我把她扶到小椅子上坐下,并在她额头上亲了一下,笑着说:"这样,老师就喜欢你了。"她坐下了没站起来,我又为她竖起了大拇指,她笑了。

也许是我的严厉,让她感觉到我不喜欢她了,后来感觉只有听老师的话,老师才能喜欢她。这应该就是严慈相济的作用吧。不管怎样,她能坐下就是一件值得高兴的事情。

（二）鼓励宏宏排队

时间：9月11日上午与中午。

排队时我说："你喜欢谁就靠着谁"，她摇摇头表示谁也不靠。我说："你喜欢我吗？"她点点头。我说："那你就靠着老师当排头，领着小朋友们去做操。"我拉着宏宏的双手，站在队伍的前面，她面无表情地看着我，我微笑地看着她。我牵着她的小手领着小朋友们慢慢向前走，把她送到做早操的圆圈里站好。我离开她，她的小眼睛还是看着我，我微笑着为她竖起大拇指，她也轻轻地一咧嘴角。做完操，我又用此方法把她带回活动室。

中午放学排队时，我把她叫到面前，还是让她做排头，牵着她的手把她送到大门口，交给家长，我和家长都表扬了她。我跟家长沟通，让家长最近这段时间送她到活动室。

我和配班老师商议，每次排队，不管哪个老师带队，都要牵着宏宏的手，让她站在排头的位置，改掉以前走一走、停一停的习惯。

（三）开始吃加餐

时间：9月11日下午。

下午的加餐是蔬菜疙瘩汤。我把小碗放在她的座位上，她看着我。我说："宏宏把汤喝了，我就非常喜欢你。来，老师喂你。"我用小勺盛了一点汤说："你尝尝，厨房的老师做的蔬菜疙瘩汤真香。"她用小手向我嘴边推，我问："你想先让老师尝一尝？"她点点头。"宏宏真是个孝顺的孩子。"我轻轻地抿了一点儿，然后做出非常夸张的表情，说："真香呢！"宏宏笑了，张开小嘴吃起来。有一个小朋友吃完了还要，我就顺手把小勺子递给了她，说："你自己先吃，我去给小朋友盛一碗。"她自己吃起来，我给她一个大大的赞。她自己吃完了，我问她要不要了，她摇摇头。

（四）宏宏开始说话了，愿意和小朋友一起玩玩具

时间：9月12日上午。

早上来了以后，我先表扬了她昨天的表现，然后告诉她从今天开始要用嘴巴说话，不能用摇头或点头来代替想法，要和小朋友一起玩玩具，并且要帮助刚

来的小朋友。她点点头,我说不行,用嘴巴说,她就小声、羞答答地说:"好。"我在她的小脸上亲了亲,又特意安排一个年纪小的小朋友靠着她,让她照顾小朋友。她一会儿教小朋友玩玩具,一会儿又领着小朋友上卫生间,想得非常周到,把小伙伴照顾得非常好。

我和班内另外两位老师沟通,当宏宏用点头和摇头来交流时,一定要及时纠正,让她用嘴巴重新说一遍。

(五)开始跳舞了

时间:9月12日下午。

跳舞的时候,她站着不跳。我小声和她说:"你看小王老师跳得多好看,你跟着小王老师学,也能和小王老师跳得一样好。"她轻轻地举起了手,跟着小王老师跳起来。小王老师笑着说:"宏宏跳得真好,小朋友们要向宏宏学习。"宏宏开心地笑了,我的心里也乐了。

下午的加餐是米糕,她没吃,配班老师劝说也没用。我回来后拿过米糕劝她吃了,配班老师说宏宏只听我的话,我笑着告诉配班老师要从自身找问题,赶快和她建立起感情。

(六)继续引导,难点纠正

时间:9月13日上午。

宏宏在园的表现:坐下来了、吃加餐了、上课了、排队了、跳舞了、做操了、唱歌了、先摇头后用嘴巴说话了。思考:说话这件事得慢慢改。

时间:9月13日下午。

宏宏的妈妈来送她上幼儿园时高兴地跟我说:宏宏回家有笑模样了。今天中午在家,姥姥叫她,她回应了,全家人很高兴。我在家长面前也大大地表扬了她最近的表现,她在一旁微笑着听着。下午一切正常。

(七)开始喝水、如厕了

时间:9月15日(9月14日请假没来)。

我先和她谈多喝水和及时如厕对身体的好处,这次没费多大的劲儿她就喝水了,如厕是老师带着她去的。

上午的加餐是蛋糕，宏宏因咳嗽不能吃甜食，我特意让老师给她准备了梨。我让配班老师给她，并小声在她耳边说："老师非常喜欢宏宏，你喜欢老师吗？喜欢老师就听老师的话，把梨吃了好吗？"我微笑着站在远处看着她，她吃了。

我利用 4 天的时间，引导她融入集体活动中。

三、巩固、强化良好习惯

时间：9 月 18 日上午。

从这个周开始，鼓励宏宏全面融入集体活动中。早上我和宏宏谈话："要努力养成自己喝水的好习惯，老师会监督的。"她笑着说："好。"我们俩还拉了钩。

时间：9 月 18 日下午。

下午的加餐是玉米稀饭和小饼，她全部吃了，其他一切正常。

时间：9 月 19 日上午。

我在大门口值班，宏宏的妈妈来送她，我们俩边笑边说地来到了活动室。下午宏宏入园时，我还在门口值班，便让宏宏自己回活动室。我说给她数着数，看看数到多少个数她能走到活动室，我开始数数她就自己走了。值完班回到活动室，我对宏宏说："今天用了 50 个数就到活动室了，明天老师还给你数着。"她高兴地说："好。"我肯定地说："明天会走得更快，是不是呀？"她大声地说："比今天还快！"

时间：9 月 20 日。

从大门口到活动室，她是跑进来的，老师只数了 30 个数，其他一切正常。

时间：9 月 21 日。

下午的加餐是小米粥，她比平常多喝了一碗（宏宏知道跟老师要求添饭了，太好了）。

这个周宏宏一切正常，每一件事情都很积极地去完成，进步不小。

我对宏宏又特别关注了一个周，宏宏的一切表现很正常，不用老师提醒就已经能全面融入幼儿园的集体活动中，再也不是以前那个不一样的宏宏了。看着活泼、可爱、开朗的宏宏，我们真的很高兴，作为一名幼教工作者，我们太有成就感了！

　　不管什么样的孩子，爱是最好的教育，而表达爱最好的方法是奖励与赞赏！爱孩子吧，他会给予我们更多的爱和幸福！

学思悟行　共研共进
——教育案例

搭建自主游戏案例：春天的小区

莱西市水集街道中心幼儿园　丁贝贝

一、活动背景

搭建游戏一直深受孩子们的喜爱，孩子们在自由快乐的积木游戏中可以得到各种能力的培养，在搭建过程中手脑并用，锻炼了他们的灵活性及手眼协调能力。各种不同形状的积木组合成一件新的作品，还可以使幼儿认识各种几何图形，发展了幼儿的想象力、创造力、空间感知力、审美及与同伴的交往合作能力等。我们班本周的搭建主题是"春天的小区"，我和孩子们一起讨论搭建在小区的什么地方，最终孩子们达成一致，选择了小区东边的小亭子作为第一个搭建目标。

二、活动内容与过程实录

我先引导孩子们制订搭建计划——"我们搭建小亭子要做那些准备？"刘晋良说道："我们要去看看小亭子。""对，这样我们才能知道怎样搭。"杨圣凯接着说道。利用散步时间，我带孩子们到小亭子，让他们自主观察，他们边观察边讨论可以搭建哪些部位、用什么材料、用什么方法。"这有 4 个花坛，花坛是方形的。"所峻成观察到了数量和形状。"还有 4 个柱子，我们可以用大圆柱。"刘伟琪想到了用的搭建材料。"上面的柱子有横着竖着摞在一起的我们可以用大板子。"杨圣凯抬着头看到了最高的地方。

为了让孩子们更好地搭建，我们从不同的角度拍摄了照片作为图纸，为搭建提供支持。

活动区时间到了，因为有了搭建的计划和意愿，他们迫不及待地拿出图纸

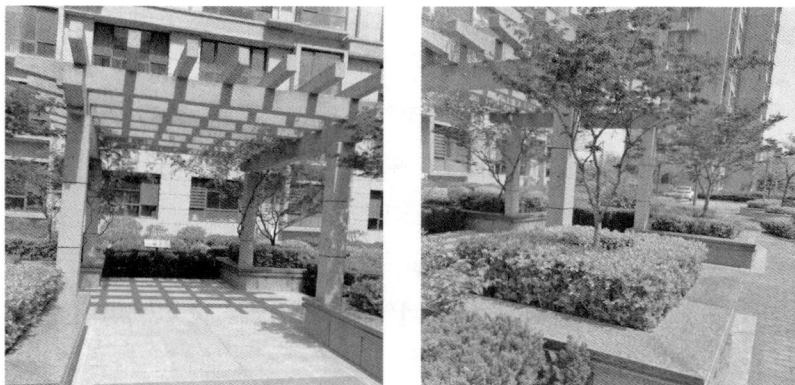

不同角度的幼儿园一角

投入搭建活动中。他们先观察图片,商量着"我们用小方形搭底座"。一共4个大花坛,需要的小方形也就多了起来,他们遇到了困难——小方形不够用了。"我们用奶粉桶吧。"马上,他们商量着用奶粉桶替代小方形。"奶粉桶是圆的,搭出的就不是方形了。"成成提出否定意见。"奶粉桶数量也不多啊",经常光顾搭建区的凯凯提议道,"要不我们数一数有几个奶粉桶"。结果奶粉桶也只有10个,奶粉桶从数量和形状上都不能满足他们的搭建需求。

　　圆柱也是圆的,小长方形数量多但是太小了,玩具柜的材料好像都不太合适。他们寻求我的帮助:"老师,我们的方形积木不够用了,也没有别的材料代替。""这可怎么办?我们班没有,哪里会有呢?""对,我们去小三班借吧。"经过我的提醒,良良第一个想到了可以采用借用的方式。"好的,我去吧。"所峻成主动说道。"好的,要有礼貌哦。"一会儿,成成借来了4块小方形积木,问题解决了,他们又开始了搭建。4个大花坛搭好了,下一步是什么?快看看图纸,要向上搭柱子了,共4个大柱子。"我们用圆柱。""这个柱子是方的。"成成对形状很是在意。"可我们没有合适的方形,只要结实就可以了。"豪豪主动和成成商量着。"好的。"他们达成一致,采用圆柱作支撑的柱子,一个个小心地垒高。

　　他们搭着搭着又出现大圆柱材料不足的问题。这会儿不用问我,成成马上说道:"老师,还是我去吧。"成成这次速度更快,一会儿高兴地回来了,把大圆柱放上后继续他们的搭建。搭大木板的时候,他们都提醒道:"小心点,别碰倒了。"他们小心翼翼地拿着大木板,放的时候确定两端都接触到了才轻轻地放开手。

由此可见,他们很爱护自己的搭建作品。"花坛、亭子都已完工,还需要搭建哪里呢?""我们的花园里还没有花呢。""我们用什么呢?""用小圆柱贴上花。"因为我们在搭建马路的主题时采用过把圆柱贴上大树的方法,刘伟奇便想到了以前的方法。"用雪花片吧。"凯凯看到旁边有雪花片时,想到了这样的方法。"好的。"他的提议马上得到了同伴的同意,他们又开始拼插花。

在分享交流的环节,孩子们利用图片主动分享了他们的搭建故事,和同伴讲述了他们采用借用的方式获得材料,并知道用完了要还给小三班,还把搭建作品的图片分享给小三班的小朋友。

搭建作品图

我们一起讨论搭建遇到的难题:当材料不足的情况下我们可以怎么办?我们一起想到了以下的办法。

(1)收集一些废旧材料作为我们的搭建材料,如薯片桶、饮料瓶。

(2)提前规划时计算不同积木需要的数量。

(3)和户外搭建区材料互换。

(4)把搭建游戏直接搬到户外,这样搭建的亭子会更大。

三、活动的特点及价值所在

建构游戏是有益于幼儿心智发展的重要活动。幼儿在从事建构活动的过程中,通过操作多样化的积木及辅助材料充分发挥其想象能力,理解了不同材料之间的关系、空间的关系、不同材料的结构与自己期待的结果之间的关系,理解了材料的长短、厚薄、宽等与事物结构之间的联系。幼儿正是通过一系列的操作来满足自己的搭建欲望,提高自己的搭建技能,感受合作搭建的快乐,建构内在心智。

(一)支持幼儿的游戏需求,尊重幼儿的主体地位

从选择搭建目标、做搭建计划、提供搭建需求、遇到搭建难题等一系列过程中,我们都尊重孩子、相信孩子的力量,放手让孩子自己去选择、去计划、去解决问题,孩子在遇到材料不足的情况下,往往最先想到的用别的材料替代,这一次他们想到了借用的方式。当室内的区域满足不了他们的游戏需求时,可以调整场地,到户外搭建。

(二)养成良好的学习品质

在搭建过程中,孩子们积极主动、认真观察、不怕困难、敢于探究与尝试的良好品质悄然形成。在整个搭建过程中,他们知道了在搭建前要观察和比较所需材料的形状和大小,在搭建时需要计划不同积木的数量和搭建顺序。

(三)适时介入,引导幼儿解决问题

我们班的孩子们已经具备了独立解决问题的能力,我的介入帮助孩子们发现问题、解决问题。在搭建过程中遇到材料不足的情况时,我不急于告诉他们方法,而是以提问的方式将问题抛给他们,让他们自己去解决,有意识地提高他们解决问题的能力。

(四)进一步的支持策略

通过家园合作收集废旧材料,充分满足幼儿的搭建需求。同时,提供更多的辅助材料,供幼儿选择。

引导幼儿对所用的材料进行简单的统计,在搭建计划时对所需材料的数量做详细计划。

鼓励幼儿继续探索,选择周围的景物作为搭建目标。

爬绳比赛

菜西市香港路幼儿园 李 娟

一、游戏背景

户外攀爬区是最近新开放的区域,深受孩子们喜爱,尤其是其中的绳子攀爬,更是小男生争相玩耍的玩具,但由于孩子们经验不足,攀爬成绩尚不理想,需要多加练习。

二、观察描述

户外游戏时间到了,孩子们不约而同地来到了攀爬区玩绳子。为避免争抢,孩子们以猜拳的方式决定谁先玩,最终,姜羽和张宸小朋友胜出。这时,张宸对姜羽说:"我们来比赛看看谁爬得高。"一场爬绳比赛就这样拉开了帷幕。

张宸首先抢到了一根下端带扣的绳子,他想把脚放进绳扣里,几次尝试都因站不稳而失败。后来,张宸就坐在了草坪上,终于把脚放了进去,踩着绳扣站在了绳子上。

姜羽的绳子上没有绳扣,几次尝试皆因脚没有着力点一直爬不上去,这时张宸已经被旁边的秋千吸引了,忘记自己还在比赛当中,直接跑去玩秋千。姜羽看到另一根绳子空出来后立刻跑了过去,学着张宸的样子爬上了绳子,第一次在绳子上面站了起来,他一边把着绳子一边欢呼雀跃道:"我终于爬上去了!"

这时我走上去告诉姜羽:"不是爬上去就行了,要看看谁爬得更高。"接着,姜羽又开始了他的探索之旅,但由于四肢力量不足,导致屡屡失败。这时天宇小朋友走过来,观察了一会儿后跟姜羽交流了一下自己的经验,看到姜羽还是爬不上去,就亲自示范。在接下来的尝试中,姜羽下定决心,还吼出了一句:"我跟你拼了,我一定要爬上去!"

终于，姜羽往上爬了一步！

三、游戏解析

在整个爬绳过程中，姜羽所表现出的执着令人叹服，虽然他的攀爬能力不如天宇，甚至到最后也没有天宇爬得高，但是姜羽从一开始就明白自己的目标是什么，认准目标不放手，攀爬过程中也懂得与别人交流经验，向别人学习。执着、善于学习的优秀品质是姜羽的闪光点。

《幼儿园保育教育质量评估指南》中指出，要以欣赏的态度对待幼儿，注意发现幼儿的优点，接纳他们的个体差异，不简单与同伴做横向比较。在爬绳比赛的游戏背后，我们了解到，姜羽从小生活在城市的高楼大厦里，很少有户外攀爬的经验，而天宇出生在农村，从小在广袤的田野里奔跑，在树林里攀爬，小班和中班都是在农村的幼儿园中度过，园中有很多大树、土堆供幼儿玩耍，直到大班才转到本园。每个孩子会因为先天性或者后天生活环境的不同导致能力有差异，造成幼儿发展不平衡，我们要发现幼儿的优点，接纳个体差异，将幼儿的前后表现做竖向比较。

《幼儿园保育教育质量评估指南》中指出幼儿能以手脚并用的方式安全地爬攀登架、网等。姜羽从一开始爬不上去，到能站起来，最后可以手脚并用地向上爬，这就是他本次游戏的进步。

四、观察指导

针对爬绳比赛的游戏，教师还需要将游戏的规则加以强调。

在关注姜羽的同时，教师也要关注爬了一会儿就走了的张宸，了解他走开的原因，是因为兴趣转移了还是因为攀爬能力的欠缺？对于天宇，则要引导其探索爬到更高处的方法。

教师对每个孩子应进行针对性的指导，也要注意幼儿四肢肌肉的发展，注意其力量的提升。

游戏案例：神奇的泡沫垫

莱西市香港路小学幼儿园　林华华

一、游戏背景

《幼儿园保育教育质量评估指南》中指出，要理解幼儿的学习方式和特点，关注幼儿学习与发展的整体性。立体图形的学习，需要幼儿在观察的基础上认识其特征，进而通过各种感官综合感知几何形体。平面图形只有长短、宽窄，而立体图形有长短、宽窄、高低（厚薄）。在数学活动"认识正方体、长方体"中，幼儿容易将平面图形和几何图形相混淆。因此，为让幼儿更直观形象地认识并区分平面图形和几何图形的不同，鼓励孩子通过动手操作亲自感知正方体、长方体。同时，不断创新的玩法让泡沫垫已完全超越了它们原有的单一功能，孩子们在自主游戏过程中得到进一步发展。

二、游戏实录

片段一：垫子初体验，认识正方体

活动开始前，教师为每个小朋友提供一组大小相同的泡沫垫并提出问题："怎样用手里的泡沫垫拼出一个正方体？现在请小朋友们动手试一试。"

镜头1：过了一会儿，听到雯雯和轩轩说："轩轩你看，我拼出了正方体。""哦？你是怎样拼出来的？""我先把正方形泡沫垫平铺在地上，我一开始用了5块连在一起，然后竖起来插，发现多出1块，于是拆掉1块，最后把两边插上就拼出了正方体。"

一旁的亮亮说："你拼出的正方体有几个面？""6个。"轩轩一边示范一边数给亮亮看。亮亮好像没看明白轩轩怎样数的，于是接着说："你是怎样数出来的？""一个一个数出来的。""有没有简单还不容易遗漏的方法？"我和亮亮专心地看着她。"先数四周，再数上下面，也可以先数上下面，再数四周"。我和亮亮竖了一个大拇指，太棒了！你竟发现了有趣的规律（转换关系）！

这时,我问他们:"还有没有不同的平铺形状也能拼出正方体?""我们试一试……"

教师思考

教育家陈鹤琴先生说:"游戏是儿童的心理特征,游戏是儿童的工作,游戏是儿童的生命。"游戏是幼儿的天性,创造是幼儿的本能。本次游戏,是孩子自主选择垫子的玩法,当我们把泡沫垫子当成游戏材料提供给孩子时,就会发现,不管是什么样的材料,只要到了孩子手里,就会变成他们的游戏工具。他们从独立游戏逐渐到寻找伙伴游戏,在探索垫子的过程中,逐渐有了自己的小群体。这种小组探究式的游戏互动形式,让幼儿通过自己的实践与伙伴间的交流分享,增强了游戏的挑战性。

镜头2:萌萌不停地拼插正方体,可是一直未成功,就在反复拼插的过程中,我想介入指导,这时晓丽看见她插不起来,说"我来帮你。"只见晓丽一边说一边示范:"这块应该这样插,竖着先摆出4块,剩下的2块分别插到两边,就可以拼出正方体,你来试一试吧!"于是在晓丽的帮助下,她成功拼出了正方体。当我走到她身边,她高兴地说:"老师,我一开始不会拼,是晓丽帮助我拼出来的。"

教师思考

每个幼儿在沿着相似进程的发展过程中,各自的发展速度和到达某一水平的时间不完全相同。幼儿的学习分内在学习和外在学习,我首先庆幸自己没有着急的介入,更感叹同伴介入学习的重要性。活动中的这两个幼儿,可以看出能力强的幼儿空间方位识别的经验比较丰富,能观察发现生活中几何体的特征,并运用空间方位经验帮助同伴解决问题。同伴的介入更能调动幼儿学习的积极性,使他们互相分享经验,养成良好的学习品质。学习更自然与快乐,幼儿发展更能和谐与健康。因此,我们要充分理解和尊重幼儿发展进程中的个别差异,支持和引导幼儿在活动中表现出积极的态度和良好的行为倾向是终身学习与发展所必需的宝贵品质。

片段二:认识长方体

镜头:幼儿通过操作,已对正方体的特征有了初步的认识,并通过观察,知

29

道了正方体有 6 个面,并且 6 个面是大小相同的正方形。第二天早上,我在观察时,听辰辰说:"海利,我们一起拼插长方体吧!"接着,他们积极地投入拼插长方体的浓厚氛围中。辰辰在获得新经验的基础上,很快拼出了长方体。海利还没拼出来,便问辰辰:"你是怎样拼出长方体的?""我刚才拼的时候发现,两个正方形拼在一起就是长方形,长方体肯定要有长方形才能拼插出长方体。所以我就先把正方形泡沫垫组合成长方形,然后进行拼插。""长方体的每个面都是长方形吗?""不是,我刚才用 6 个长方形拼插时,发现拼不起来,用 4 个长方形能拼出来,但是两边的图形要用到正方形。"听了他们的对话,我问辰辰:"从你拼出的长方体,你还发现了哪些特征?""它们相对的面是一样的。""长方体的展开图和正方体的展开图一样吗?""不一样,我已经记录下来了"。

教师思考

本次活动,通过泡沫垫让幼儿带着自己的问题,在探索中解决问题。我们惊叹于幼儿的奇思妙想,在游戏时间里,教师的放手与退后、观察与发现,让幼儿在游戏中探索实践,以自己的方式去感知、发现,获得自由和快乐,成为游戏的主人和知识的主动构建者,促进了幼儿自然发展。关注幼儿的活动需要,给幼儿提供更大的生长空间,让幼儿充分地表现与表达。让游戏点亮幼儿的生命,让幼儿在游戏中健康快乐地成长。

片段三:生活中的运用

镜头 1:在后续的活动中,孩子已经熟练掌握了正方体和长方体的基本特征,区域活动时,总能看到他们乐此不疲的拼插。这时,我看见萱萱正在用正方体和同伴当骰子玩,她悄悄地向同伴介绍规则:"天天,你看,正方体可以当骰子玩,可以连续抛 3 次,3 次结束,迅速记住每次抛出的数字,看看谁记得又准又快,也可以把抛出的数字进行加减运算。"

镜头 2:在他们游戏时,我发现孩子将自己拼插的几何体相互分享,同伴之间进行组合玩。于是,我耐心地观察他们的游戏行为。其中一个孩子兴冲冲地跑过来说:"老师,你看,我们把正方体进行组合,拼出了一个大的正方体。""哇,你们是怎么做到的?我们一起数数拼插的大正方体是由几个小正方体组成的吧!"接着我和孩子一起数起来。在数的过程中,昊昊提议,我们拼摆不规则的物体吧，记下用到正方体的个数，然后从一个方向数正方体的个数。"为什么我们会出现漏数的现象？"昊昊问道。乐乐发现了其中的秘密，"昊昊，从一个方向看有的正方体被遮挡住，所以我们容易数错。"

教师思考

镜头1中幼儿把正方体当骰子玩，制定出了游戏规则，并能联系生活进行游戏，可以看出幼儿已从原有水平得到发展，提升了游戏的水平。

镜头2中幼儿对几何体的认识依赖于空间感知。数学是一种高度结构化且有着内在逻辑关系的抽象符号系统，有意义的学习涉及对这些关系的理解性主动建构，在很大程度上是一种后天的学习和建构，这种建构以幼儿已有的发展水平和知识经验为基础。幼儿通过自己反复操作获得的经验进行物体组合，单纯的拼插几何体已不能满足他们的游戏兴趣，而同伴互动组合几何体引起了他们浓厚的兴趣，说明幼儿已将几何体运用到了生活中，正在进行深度的学习。

其实，我最初的想法是想让幼儿通过自己动手操作发现正方体与长方体的不同，通过亲自实践激发幼儿探究的兴趣，在反复的操作中，幼儿动脑探索正方体的其他拼摆方法。《幼儿园保育教育质量评估指南》中明确指出，教师要支持和引导幼儿从原有水平向更高水平发展，按照自身的速度和方式到达指南所呈现的发展"阶梯"，避免用一把"尺子"衡量所有幼儿。在观察幼儿自主游戏中，我发现幼儿已获得新的经验（面与面的遮挡关系），虽然不是很成熟，但是为接下来的活动做了铺垫（物体组合，从一个方向看组合物体的平面是什么形状），这也可以在自主游戏中作为一个生成性活动的延伸。

三、游戏小结

幼儿初次接触泡沫垫游戏，对于游戏材料的认识和玩法的探索尚处于萌芽阶段。简单的低结构游戏材料能够给幼儿更多的创造空间，当幼儿在一段时间的游戏后，对游戏玩法的探索在不断地变化和调整。

游戏案例:趣玩安吉梯

菜西市机关幼儿园　宋雪玲

安吉梯游戏是幼儿百玩不厌的游戏,游戏材料使幼儿不受玩法、空间的限制,为幼儿的探索提供了无限可能。而在玩的过程中,搬运大小不一的梯子木板极耗费精力和时间,大部分幼儿都站在场地外围,只有教师和小部分幼儿在搬运。为充分调动幼儿的自主性,创新幼儿的思维,我们将游戏的主权还给幼儿,让幼儿成为材料的主人,成为游戏的主人。

案例一:合作拼搭游乐场

在户外游戏时,别的场地都摆放完毕开始游戏了,我们却还迟迟未开始,只有几个男孩在铆足了劲儿搬运梯子。

孩子们急了,琪琪说:"我们一起去帮忙搬梯子吧。"孩子们一起凑到梯架跟前,文文伸手拉了一下说:"这梯子这么大拉不动啊。"

轩轩说:"没关系,来我们几个人一起,你抬着这头,佳佳你抬着这个角……"几个孩子抬着一个大梯架搬运起来。文文一边走一边高兴地说:"这么大的梯子都被我们抬起来。"

轩轩自豪地说:"这就是人多力量大嘛! 来来来,我们一起动手再搬一块木板在这里搭建个滑梯。"

伙伴们又开始忙活起来,很快场地上摆放了一堆梯子木板。江江突然生气地吆喝起来,"你们别搬了! 你看看,你们把材料都压在一起了,我要摆的独木桥都被挡住了。"

听到江江的声音,大家都停下了动作,你看看我,我看看你。轩轩说:"这样吧,你们几个负责拼摆,我们几个就负责搬运材料,你们需要什么就跟我们说。"轩轩的提议得到大家的同意,于是几人又开始各自行动起来,不一会儿孩子们自己拼搭的"平衡乐"出炉了。

由于安吉梯沉重,经常是几个有力气的小男孩在参与材料搬运,而玩的兴趣激发孩子们集体参与搬运,并分工合作,一起参与拼摆,在劳累的同时也迈出了成为游戏主人的第一步。

案例二:修改轨道

孩子们自己拼搭出作品后,迫不及待地爬上梯子,有的在走独木桥,有的在玩滑梯。

突然琪琪大声喊:"哎呀,这个板子怎么晃悠啊,我要掉下去了,快帮帮我。"孩子们闻声连忙跑过来,几个小女孩伸手将琪琪扶住跳下平衡木。

"怎么会晃悠呢,明明搭在一起了啊。"江江一手按着木板一边低下头查看。"我知道了,这木板下面有个槽,得把它卡在扶手上。"江江挣了几下没挣动,着急地喊:"你们快帮忙把另一头抬起来。"

孩子们合力将木板重新摆放了一下,又开始检查其他的梯子,而琪琪和文文一看平衡处修整好了又走上梯道玩起来。

"快来帮帮我呀。"文文喊道。"怎么了,木板没卡住?"江江问道。

"不是,这个梯子太高了,我不敢往上爬。""没关系,我给你调整一下,你看降一层台阶怎么样?"

孩子们一边玩着一边根据自己的需要不断调整着梯子和木板的坡度,一会儿又变换着不同的轨道,他们在不断玩着、不断发现问题、不断整改方案,让自己一步步成为游戏的主人。

案例三:滚打"保龄球"

今天来到游戏场地后,孩子们又开始拼搭自己的游戏乐园。有趣的安吉梯吸引来了足球队的阳阳,他抱着足球爬上梯架,当经过滑梯时他先将足球滑下去,自己再滑下去,看到他的玩法,孩子们纷纷起意效仿。

只见几个孩子去足球队里借来了几个足球,而江江却又从搭建区搬来了几个奶粉桶。孩子们都好奇地问:"你把搭建区的奶粉桶搬来干啥啊?""你们看着吧,我要布置一个新的游乐场。"

江江自己埋头干起来,他将木板与大箱子进行连接,形成了一条轨道,在大箱子上将奶粉桶叠高,然后自己站在梯子上将手中的足球放在长木板外端,

单手轻轻一推,足球径直滚向奶粉桶,"哗啦啦"碰倒了好几个。江江兴奋地喊:
"耶,打中了!"

其他孩子一看,立马围拢过来。"这是打保龄球吗?我也想玩。""想玩的
要排队,轮流玩,不能抢。"江江像个小指挥家一样说道。

在江江的带动下,孩子们一个个有序地排好队,乐此不疲地打着"保龄
球"。

在玩的过程中,孩子们总会有一些新的发现,而教师只要默默地作为支持
者,幼儿总会根据心中所想借助不同材料创作出新的玩法。

随着游戏的不断深入,孩子们不断发现问题、分析问题、解决问题。他们将
传统的安吉梯游戏结合生活经验,设计了游乐场的游戏情境,使游戏增大了趣
味性和挑战性。同时,在游戏中通过与同伴合作一次次调整游戏项目,孩子们
的语言表达能力、合作交往能力、自信心都有了很大的提高。

大班课程案例:大树的秘密

莱西市香港路幼儿园　隋明秀

一、活动背景

一粒种子、一只昆虫、一片树叶都可能引发幼儿的好奇心,激发幼儿的探
索欲望。此时正值"多彩的秋天"主题活动的开展,而裸露在地面上长长的树
根、掉落的树皮和不断飘落的树叶引起幼儿持续探究的欲望。本次活动源于孩
子们在户外休闲区的一个发现——一截树根。这截树根引起了孩子们的浓厚
兴趣,孩子们通过不断地探索,发现了树根的秘密。随着探索的推进,孩子们被
这些脱落的树皮和飘落的树叶所吸引,通过一系列的探索活动,他们收获满满。

《幼儿园保育教育质量评估指南》中明确指出:"幼儿的学习是以直接经验
为基础,在游戏和日常生活中进行的。"教师要为幼儿创造自由探索的环境,充
分利用身边的环境资源,让幼儿在游戏中得到发展;要善于发现和保护幼儿的

好奇心,充分利用自然和实际生活机会,引导幼儿学习发现问题、分析问题和解决问题;帮助幼儿不断积累经验,并运用于新的学习活动,形成受益终身的学习态度和能力。

通过发现树根、了解树根、和树根做游戏等一系列的探索活动,丰富幼儿的认知,让幼儿习得树根是大树的营养输送器,有防风固沙的作用,激发幼儿保护大树的欲望。通过对脱落的树皮进行猜想和验证,了解到树皮脱落是大树在不断生长的过程,而且树皮还是一种中草药,孩子们马上联想到学习过的科学活动"神奇的中草药",并进行知识的迁移。通过进行树叶喷绘画的创作,幼儿学会了在遇到困难时不退缩,通过合作想办法解决问题,很好地展现了幼儿在点滴中成长!

游戏活动所需材料:小铲子、树叶、树皮、树枝、画纸、颜料、各种小动物头饰等。环境:自然开放的游戏环境。

幼儿的兴趣和前期经验:生活中幼儿的认知是树根都是长在地底下的,但地面上的树根引起了幼儿的探索兴趣。脱落的树皮更是让幼儿猜测大树是不是生病了,进而推动幼儿一步步进行验证。飘落的树叶让幼儿愉快地与之做起了游戏,往年幼儿都是用树叶制作树叶粘贴画,而这一次抖音上一段制作树叶喷绘画的视频,让幼儿大胆进行模仿和创作。虽然过程中遇到困难:应该选用什么样的胶粘树叶?喷绘画时喷壶的角度是怎样的?但是幼儿始终没有放弃,直到他们用稚嫩的小手创作出一幅幅美丽的树叶喷绘画。

教师预期:幼儿通过对树根、树皮和树叶的探索,充分挖掘大树的秘密,实现多领域的融合。同时,依靠自己主动探索得来的知识获取成长的经验。

二、活动内容与过程实录

活动实录一:树根的秘密

1. 玩耍时的发现

户外休闲沙池区是孩子们的乐园。瞧!孩子们又在愉快地玩耍着。有的用铲子挖沙、有的把沙拍平、有的在做甜甜的蛋糕,还有的在搭城堡……孩子们成群结伴拿着玩沙工具津津有味地构建着自己的乐园。突然,梓杭说:"你们快看,这是什么?"我顺着他的声音看了过去,原来是一截裸露在地上的树根。孩子们瞬间围了上来,他们七嘴八舌地开始讨论起来。只听他们说:"这是什么呢?"西西说:"这底下是一个萝卜吧?"恩睿说:"我觉得是胡萝卜。"这时柯澄突然说:"这是树根。"梓杭马上反驳说:"这不是树根,树根是长在地底下的。"我们挖出来看看是什么吧!他们向我投来了求知的目光,我故作神秘地对他们说:"对呀,这到底是什么呢?"看着他们渴求的小眼神,我跟他们说:"这确实是树根。""啊,这是树根,原来树根也能长在地上面呀!"我说:"对呀,有的植物的根也是能长在地上面的,这叫气生根。"他们若有所思的点点后。我紧接着追问,那你们知道树根有什么作用吗?孩子们摇了摇头。我接着说,那今天晚上和爸爸妈妈一起去网上查一查,明天来幼儿园和小朋友一起分享吧。

2. 发现后的探索

我把孩子们今天的发现通过班级群告知家长,并邀请家长们一起协助孩子寻找答案,孩子们带着对答案的渴望和爸爸妈妈一起查阅了很多关于树根的信息。

3. 探索后的收获

家长和孩子们一起将上网查询的答案以图文并茂的方式呈现,在整个过程中,孩子们享受着和爸爸妈妈的亲子时光,同时也获得新知。在家长积极的配合下,孩子们将查找的相关信息带到了幼儿园,小朋友们迫不及待地将查找的信息进行分享。杭杭说:"树根会吸收土壤里面的营养,并把营养输送给树干、树枝和树叶。"西西说:"我和妈妈一起查到了树根会牢牢地抓住地面,防止水土流失。"睿睿说:"我和爸爸也查到了树根的作用可大了,大树之所以能稳稳当当地站在地上就是因为根深深地扎进土壤里,才可以抵抗风雨的侵袭,站得直直的,有着固着和支持作用。"美美说:"我和妈妈查到了老师说的气生根,它是植物在漫长的生存过程中为了适应湿热环境而形成的特殊功能的器官,锦屏藤和空气凤梨的气生根就非常漂亮!"

4. 收获后的故事

大树是我们的朋友,树根也是我们的朋友,孩子们和树根一起玩起来,摸摸树根,看看树根。"我要和树根做游戏!"菲菲说。"你要和树根玩什么游戏呢?"禾禾问。菲菲说:"我要玩拔萝卜的游戏。"禾禾说:"好的,但是你要轻轻的拉树根,不要把它弄疼,也不要把它拽断。""好,我知道了。""那我们来玩游戏吧!"菲菲说:"我来当老爷爷。"禾禾说:"我来当老奶奶。""那然然当小姑娘,澄澄当小狗,芊芊当小猫,恩恩当小老鼠。"菲菲给大家分好了角色,他们愉快地玩起了拔萝卜的游戏。禾禾说:"要是我们有头饰就好了,这样就能分辨出谁是谁了。"孩子们一起去教室里寻找自己喜欢的头饰进行表演。"我想当小瓢虫。""我想当小狗。""我想当大灰狼。""我要当小蜜蜂。"……孩子们争先恐后地说着自己想要扮演的角色,一个崭新版本的拔萝卜故事就此拉开了序幕。

活动实录二:树皮也是中草药

1. 大树生病了吗?

"这是什么?""好像是树皮。""为什么大树脱皮了?大树生病了吗?"欢欢问。"好像是吧!"西西说。大树可能真的生病了吧,小朋友们都看着树皮猜测着。"大树真的生病了吗?"我紧接着问孩子们。孩子们摇了摇头。她们捡起树皮放在手心里,看了看,闻了闻,有的小朋友还掰了掰,最后他们找不出原因,就不再关心树皮了。正当我想办法推进孩子们的游戏时,嘟嘟带来了他和爸爸一起查阅的资料,分享活动时嘟嘟说他知道树为什么会脱皮,孩子们一听马上来了兴致,竖起小耳朵认真听嘟嘟讲。原来,幼儿园里会脱皮的树叫法国梧桐,它会脱皮是为了散热、降温,脱皮反而说明梧桐树长势良好。梧桐树脱皮其实是生长过程中的正常现象,在梧桐树的表皮之间,有一层分裂极强的细胞,这些细胞不断地使树木加粗长大,生长出颜色较浅的新树皮代替颜色较深的老树皮,致使之前的老树皮干枯脱落。"原来是这样!"孩子们欢呼起来,梧桐树不是生病了,是在长大,就跟我们一样,我们也在天天长大。

2. 树皮还有妙用吗?

"老师,梧桐树的树皮有什么作用呢?"嘟嘟看着我的眼睛好奇地问。"嘟嘟,你的这个问题可把老师难住了,我们来问问小朋友们吧!"为了让小朋友们都能参与进来,我如是说着。"树皮可以生火取暖。""可以用树皮在沙子上面画画。""可以把树皮捡回教室,在树皮上画画。"孩子们七嘴八舌地说着。树皮还可以干什么用呢?我带着孩子们回到教室一起查阅相关的资料。通过查阅资料,我们了解到梧桐树的树皮是一种中药材,有祛风除湿、止咳平喘、利小便的功效。梧桐树的树皮是临床上治疗风湿骨痛的常用药。梧桐树的树皮可以促进断骨再生,还能消肿止痛、活血化瘀。嘟嘟开心地说:"原来梧桐树的树皮也是一种中草药啊!老师,我们之前学过《神奇的中草药》,像胖大海、陈皮、菊花也是中草药,它们也有神奇的作用。梧桐树的树皮原来也是'宝贝'呢!"

活动实录三:和树叶做游戏

1. 游戏:躲避雷区

秋风起来啦,秋风起来啦,小树叶离开了妈妈……随着秋天主题活动的深入开展,孩子们发现大树上的叶子不知不觉变成了多彩的颜色,有绿色,有红色,有黄色,地面上也铺满了金黄的树叶。孩子们捡起树叶抛向空中,天空中瞬间下起了"树叶雨",非常美丽。看着飘落的树叶,小政说:"我们用树叶玩游戏吧?"诚诚问:"我们用树叶玩什么游戏?""你看过地雷战吗?我们来挖坑当地雷,然后把树叶盖在上面,通过的时候不能踩到'地雷',谁踩到谁就输了。"看到小政和诚诚在热火朝天地忙着挖坑,有几个小朋友加入了他们。他们挖好坑后用树叶把坑和旁边的小路全都铺上了树叶。'地雷'小路设置完毕,我们可以开始玩游戏啦!"小政开心地说。他们邀请小朋友来玩躲避雷区的游戏,小朋友们很难分辨哪是路哪是"地雷",所以总会走着走着就中招了。怎么才能不踩到地雷呢?西西说:"我们小心一点,慢一点走。"木木说:"不行,我刚才试过了,还是会踩到地雷。""那你说怎么办?"木木单手托着下巴,若有所思地说:"我们可不可以拿着一根木棍试探着过?""我们可以试试。"其他小朋友附和道。于是,他们找来树枝、木棍,一边轻轻地戳一戳地面,一边试探着前进。木木说:"大家都跟着我,我能知道哪里有地雷。"孩子们跟着木木一起过雷区,只见木木一边用木棍点点地面,一边喊着"这里可以走",过一会儿又喊着"小心前面有地雷"。孩子们跟着木木一起顺利通过雷区。孩子们欢呼起来:"我们通过雷区了!这个游戏真好玩。"

2. 手工制作:树叶喷绘画

(1)今天我来当老师。

回教室前,孩子们捡了很多树叶,说是要用树叶作画。区域活动时,孩子们把收集的树叶拿到美工区,我以为她们要做树叶粘贴画,结果孩子们请我帮忙调染料。我好奇地问孩子们调染料有什么用,她们告诉我要做树叶喷绘画。美美说:"树叶喷绘画可漂亮了。"我问:"你见过?"美美说:"我和妈妈一起从网上看过,可漂亮了。"小朋友们都跃跃欲试。"我来教你们,先把树叶粘在纸上,粘成你喜欢的样子,然后把染料喷在上面,之后把树叶摘掉,干了之后就做成了。"经过美美的一番讲解,孩子们都开始动手操作起来。

（2）我们一起试一试。

第一次操作后,孩子们发现用双面胶粘树叶,双面胶会牢牢地粘在画纸上摘不下来,很是影响画的美观度。孩子们围在一起想办法。"我们不能用双面胶了。"西西说。"我们用胶棒和白乳胶试试吧。""我和美美用胶棒,禾禾和菲菲用白乳胶,我们实验一下看看粘上后能不能摘下来。"她们分头行动,粘好后让我帮忙看时间,5分钟时间到了,她们发现用胶棒和白乳胶粘树叶,树叶都可以摘下来,但用白乳胶粘会留下白白的胶渍,不美观,用胶棒粘不及时摘下树叶的话,部分树叶也会粘在纸上。她们一筹莫展,那用什么粘呢?美美皱着眉头说:"网上没有说呀!"我顺势问:"为什么用胶棒粘的树叶大部分能摘下来,只有一小部分摘不下来呢?"西西说:"是因为粘的胶太多了。"其他小朋友也附和道:"对,对。"我紧接着说:"那你们再试试少涂一点胶。"这一次,她们在树叶上轻轻地涂了一层胶,5分钟后很顺利地就把树叶从画纸上摘了下来。孩子们开心地说:"成功了,成功了。"

（3）体验成功快乐多。

接下来,她们用调好的染料对准画纸开始进行喷画,只见大滴大滴的染料滴在了画纸上。"肯定是颜料太稀了。"美美说。西西反驳道:"不是颜料太稀了,你看老师调的颜料已经很浓稠了。"说着,西西拿起颜料喷壶说:"让我试试。"只见她将喷嘴对准画纸,拇指用力往下按压,结果还是大滴大滴的颜料落在画纸上。这到底是怎么回事呢?怎么样才能把颜料均匀地喷洒在画纸上呢?其他几个小朋友都分别拿起喷壶开始尝试,而西西盯着他们的动作若有所思,一番操作下来,无一例外所有小朋友都没有喷出理想的喷绘画来。当他们都气馁的时候,西西又拿起喷壶对着画纸喷了起来,只见她一会从这个方向喷,一会又换个角度喷,突然她高兴地跳起来:"我知道了,我知道了!"小朋友都围了上来。"我们不能把喷嘴正对着画,我们要斜着喷。"她拿起喷壶,一边说一边演示给小朋友们看。"是这样吗,西西?""对,就是这样,要斜着喷,这样才能均匀地喷好。""奥,原来是这样,我喷一喷试试。""我也试试。"孩子们一起动手尝试了起来,一幅幅好看的树叶喷绘画从小朋友们稚嫩的小手下悄然诞生。孩子们的探索永无止境,我们的故事还在继续……

三、活动特点及价值所在

(一)活动特点

本次探索游戏以幼儿生活中最贴近的自然环境为依托,以地面上的树根、脱落的树皮和飘落的树叶为探索点,让幼儿在自主自发的探索游戏中体验到探索、合作、分享的快乐。《幼儿园保育教育质量评估指南》中指出:支持幼儿与同伴合作探究与分享交流,引导他们在交流中整理、概括自己探究的成果,体验合作探究和发现的乐趣。

1. 自然的生态环境可以满足幼儿的兴趣和需要

教育家陈鹤琴曾说过:"大自然就是活教材。"自然环境因其原生态特征为幼儿提供了多样、天然的游戏材料以及开阔而富于挑战性的活动空间,而幼儿园的自然环境作为一种"隐性课程",使幼儿能够主动参与,活动中幼儿对自然环境中的树根、树皮和树叶产生了浓厚的兴趣,从而引发幼儿一系列的探索,充分挖掘大树的秘密,并利用树根、树叶玩拔萝卜、躲避地雷等游戏,充分发挥大自然对幼儿的教育作用。

2. 实践性的探究可以促进幼儿新经验的获得

不一样的问题情境引发的幼儿探究行为是不一样的。在活动中,一截树根引发了幼儿的探究行为,演绎了崭新版本的拔萝卜故事,也让孩子们成了小小创作家;脱落的树皮引发了幼儿的探究行为,孩子们将之前学习的《神奇的中草药》中的知识进行迁移,习得树皮也是中草药;飘落的树叶引发了幼儿的探究行为,延伸的躲避地雷游戏和手工制作树叶喷绘画为幼儿带来了无限乐趣。

3. 教师的适切支持可以引发幼儿的探究欲望

《幼儿园教育指导纲要(试行)》中指出:"教师在教育过程中的角色不仅仅是知识的传递者,而应成为幼儿学习活动的支持者、合作者、引导者。"活动中始终以幼儿为主体,教师作为幼儿游戏的引导者、支持者和合作者,在幼儿探索树根遇到困难时,在游戏无法继续推进时,教师适时引导告知幼儿不是所有树的树根都会生长在地底下,像气生根就是生长在地面上的,以此引发幼儿持续探索的兴趣,为幼儿的游戏进行助力。

4. 家长的参与可以提升幼儿的社会认知

家园合作是幼儿园和家庭双方积极主动地相互了解、支持、配合,共同促进幼儿的身心和谐发展。幼儿在活动中探索树根的秘密时需要更多理论知识的支持,这时教师通过家长群将幼儿探索树根的活动告知家长,寻求家长的积极配合。通过家园的互动,让家长及时了解幼儿在幼儿园的动态,和幼儿一起查阅相关资料。同时,在幼儿园里,教师组织幼儿进行分享交流,及时帮助幼儿梳理知识,提升幼儿的认知,并进一步增强幼儿持续探索的兴趣,不断推进游戏的发展。

(二)幼儿学习与发展的价值

1. 关注幼儿学习与发展的整体性

《幼儿园保育教育质量评估指南》中指出:"儿童的发展是一个整体,要注重领域之间、目标之间的相互渗透和整合,促进幼儿身心全面协调发展。"幼儿通过对树根的探索生发出语言活动——拔萝卜,在活动中选择自己喜欢的角色,并表演新版拔萝卜的故事,使幼儿的语言表达能力和合作能力得到提升。幼儿通过对树叶的探索生发出体育活动——躲避地雷和美术活动——树叶喷绘画,在活动中分工合作,不断尝试,发展了身体机能和手工创作能力。各个领域课程的融合为幼儿整体性的发展提供了重要保证。

2. 理解幼儿学习与发展的独特性

幼儿的学习是以直接经验为基础,在游戏和日常生活中进行的。要珍视游戏和生活的独特价值,创设丰富的教育环境,最大限度地支持和满足幼儿通过直接感知、实际操作和亲身体验获取经验的需要。在活动中,幼儿最先发现地面上的树根,通过近距离的观察树根,好奇心驱使幼儿去摸一摸树根,从而引发幼儿和树根玩起了游戏;秋天里多彩的树叶让幼儿欣喜若狂,捡树叶,用树叶设置陷阱,用树叶制作树叶喷绘画……一系列的探索和操作,让幼儿直接感知和亲身体验。为幼儿创设宽松的环境,让幼儿自己发现,寻找答案。

3. 重视幼儿学习与发展的社会性

《幼儿园保育教育质量评估指南》中指出:"要充分尊重和保护幼儿的好奇心和学习兴趣,帮助幼儿逐步养成积极主动、认真专注、不怕困难、敢于探究和尝试、乐于想象和创造等良好的学习品质。"活动一开始,幼儿发现地面上的树根,对这截树根很感兴趣,想知道这是什么。在得到肯定的答案时,随之而来的是幼儿心中的疑惑,为什么树根会生长在地面上?幼儿遇到困难时并没有放弃,而是和爸爸妈妈一起查阅资料,找到答案,继而又引发了拔萝卜游戏。幼儿在创作喷绘画时遇到困难:选哪种胶水才不会让树叶粘在画纸上摘不下来?怎样喷颜料才能喷得均匀?一系列的问题出现时,幼儿依然没有气馁,也没有放弃,反而引发思考、讨论、合作、分享、亲身尝试、操作,最终树叶喷绘画制作成功。看似简单的小问题,却是幼儿经过一步步探索、尝试、操作、坚持得来的结果。幼儿不拍困难、合作探究、坚持不懈的良好品质得到了发展。

(三)下一步的教育契机

1. 开展多种活动,继续推进幼儿探究能力的发展

通过活动我们看到了幼儿的好奇心和探究欲望,我们将进一步在不同活动中支持幼儿的探究行为,为幼儿的探究能力持续发展保驾护航。例如,为幼儿提供放大镜、记录表等材料,让幼儿观察树叶的特征、颜色、叶脉的分布等,并引导幼儿进行记录和分享;在表演区中提供与大树相关的音乐、衣饰、打击乐器等,让幼儿在表演游戏中感受艺术创作的魅力;给幼儿创设"烧烤屋",让幼儿在休闲区中体验用树叶、树枝、树皮等自然材料做烤串进行烧烤的乐趣;让幼儿和树叶合影,记录并分享秋天的小美好,同时引导幼儿进行绘画表征讲述,让幼儿感受大自然的美丽多彩。

2. 注重领域的融合,继续推进幼儿全方面的发展

活动中幼儿在语言、科学、健康和艺术领域都有所探究和发展,但在社会领域没有进一步的发现和探索,下一步我们将为幼儿提供更多的资源,让幼儿在活动中大胆探索,实现多领域及区域的融合。例如,活动中幼儿对"树皮也是中草药"很感兴趣,这时可以适时引导幼儿将活动延伸到社会区,开设"中医

馆",不断丰富幼儿对中草药的认识;大树还隐藏着哪些秘密的问题能推动幼儿了解更多关于大树的秘密。大树能通过光合作用制造氧气,而氧气是我们人类赖以生存的资源,大树对我们赖以生存的环境做出了巨大的贡献,从而激发幼儿爱护大树、保护环境的心愿。

游戏故事:纸牌小天地

莱西市机关幼儿园　田雪梅

一、游戏背景

幼儿升入中班后,经过小班一年的经验积累,有了一定的拼搭经验,想象力和手部的控制能力也进一步提升,拼搭的难度系数需要有一定的提升。纸牌在生活中常见且小巧轻便、质地柔软,可以改变外形,既能够进一步锻炼幼儿的手部精细动作,还可以充分发挥幼儿的想象力和创造力,搭出的作品别具一格,所以用纸牌作为建构材料,可以为幼儿带来不同材料拼搭的体验,有助于幼儿综合运用多种建构技能进行拼搭,体验建构游戏的快乐。纸牌作为新材料投放到区角后,引起幼儿极大的兴趣,激发了幼儿的游戏欲望。

二、活动内容与过程实录

游戏活动实录一

晨晨早晨来到了搭建区,想起了昨天去公园,看见公园里有一座高高的塔,于是想用新材料纸牌也搭一座高高的塔。他拿起纸牌平铺成一个圆形,这时,康康走了过来问:"你这做的是什么呀?"

晨晨:"是塔呀。"

康康:"塔不是高高的吗?"

晨晨点了点头:"对哦,怎么用纸牌搭的高一点呢?"于是,两个小朋友拿着纸牌摆弄了起来。这时,萱萱走了过来说:"我可以让纸牌站起来,爸爸教给我的。"说完,她就拿了一张纸牌对折了一下立在桌子上,晨晨和康康恍然大悟,赶紧拿起纸牌跟着折了起来,结果晨晨的纸牌都立了起来,而康康的纸牌一会儿就倒了。

这时,老师问:"为什么晨晨和萱萱的纸牌能成功地立起来,而康康的纸牌却倒了呢?"

萱萱:"我知道,因为康康折纸牌时两边没有对齐。"

老师:"好,那现在请康康将纸牌两边对齐再折叠一下试试吧。"

康康听了建议后,尝试了起来,终于成功地将纸牌立了起来,康康高兴地拍起手来。

三个小朋友开始用立起来的纸牌搭建高塔,他们用纸牌围成一个圆形后又继续搭第二层,在搭第三层时有一段突然倒塌,他们又重新搭建,但还是失败了。他们反复尝试却一直没有成功,这时老师问:"请仔细观察一下,第一层、第二层与第三层有什么区别?"

康康:"第一层和第二层是直直的,第三层有点歪而且平铺时还留有缝隙,所以就会倒塌。"

三个小朋友又开始了新的尝试,先把第三层平铺好,又整齐地摆放立体的纸牌,在接下来的第四、五、六层,他们一边搭一边调整,终于把高塔搭好了。

分析与反思

《3—6岁儿童学习与发展指南》强调教师要成为孩子活动的合作者、支持者和引导者。在孩子们初次提出怎样用纸牌把塔搭得高一点时,教师没有急于给出答案,而是先让幼儿自己探索,然后同伴间相互交流,给幼儿提供发现探索的机会。在孩子们搭建纸牌总是倒塌时,教师也不急于求成,而是提出了一个开放性的问题:仔细观察第一层、第二层与第三层之间有什么区别?让幼儿自由探索,通过启发式的提问,引导幼儿观察并发现问题,尝试寻找解决问题的方法,给予一定的等待时间,关注幼儿的需求,激发了幼儿的探究欲望。

调整策略

在区域分享的时候,教师将新材料纸牌介绍给幼儿,并告诉大家:"今天早晨,我们班的三个小朋友发现了纸牌的一个小秘密,他们能让纸牌站起来呢!

现在请他们展示给大家看。"接下来,请以上三位幼儿将自己的发现分享给其他小朋友,教师再次提出问题:"请大家动动脑筋想一想,还有没有别的方法让纸牌站起来呢?"此时发给每位幼儿三张纸牌,请幼儿探索尝试,并请尝试成功的幼儿与大家分享,增加幼儿的经验。

游戏活动实录二

今天区域活动时,萱萱又提出了新问题:"我去公园时,发现塔的下面是粗粗的,上面是尖尖的,和我们之前搭的不一样。"

"老师,那我们怎么样搭才能使塔的下面粗粗的,上面尖尖的呢?"

康康:"老师,我觉得应该一层比一层少,上面才能尖尖的。"

老师:"我们怎么样才能让第二层圆圈比第一层的小呢?"

晨晨:"我知道了,可以在第一圈的里面再铺一圈。"

老师:"那铺完第二层,第三层再怎样变小呢?"

康康和萱萱:"我们先把第一层全部铺满。"

老师:"那请你们来试试吧!"

"好!"三个小朋友信心满满地动手搭起来了。不一会儿,第一层铺好了,再搭第二层站立的纸牌时,中间部分总是容易倒,而且第二层倒了,第一层也跟着倒。

晨晨:"怎么回事儿?"

康康:"哪里出问题了呢?纸牌是对折整齐的啊,怎么就会倒呢?"

老师:"第一层站立的纸牌好像比较稳定,也许是因为桌面是平的,第二层却容易倒,会是因为什么原因呢?"

萱萱:"哦!因为第一层平铺我们铺得不够平!我知道了,我知道了!"

说完,萱萱就把第一层平铺的纸牌与纸牌之间重叠了一点,减少了缝隙,然后再搭第二层、第三层、第四层、第五层……

不一会儿,一座尖尖的高塔就搭好了。他们高兴地向其他小朋友介绍他们的成果。

分析与反思

在游戏过程中,萱萱小朋友发现自己见过的塔和他们之前搭的塔形状不太一样,于是在搭建之前,教师提出问题:"怎样搭才能使塔的下面粗粗的,越往上越细,最后尖尖的呢?"康康提出:"要一层比一层少。"这时,教师再次提出问题:"怎样想办法让第二层比第一层少呢?"通过提出问题引导幼儿进一步思考,让幼儿带着问题去研究、去探索,一步一步思考解决问题的方法。当幼儿说要把第一层全部铺满时,教师没有急于告诉幼儿这样的想法是否可行,而是鼓励幼儿按照自己的想法试一试,让幼儿大胆尝试,激发幼儿的探索欲望。在尝试过程中,第二层中间部分总是倒塌,教师根据第一层提出了"平面"的概念,让幼儿通过观察比较,发现纸牌仅仅对折整齐并不能保证长时间站立,还要让纸牌站在平面上。通过尝试、失败、发现问题、再尝试的探索过程,幼儿发现在立起来的纸牌上平铺的要点。

调整策略

幼儿初次用纸牌搭塔的时候,只抓住了塔是圆形的主要特点,所以搭出的塔是上下一样粗、中间空的,后来又有小朋友发现了塔是下面粗、上面越来越细,于是探索了新的拼搭方法。在区域分享的时候,我向幼儿介绍了世界各地不同的塔的造型,并鼓励幼儿仔细观察公园里除了塔还有什么,并提出同伴之间可以合作,由拼搭单个建筑物到拼搭公园整体场景,培养幼儿对事物的整体认识和与同伴的合作精神。

游戏活动实录三

今天早晨区域活动时,除了晨晨小朋友,纸牌搭建区又多了几个小朋友,他们一起讨论自己见过的公园是什么样子。

鑫鑫:"公园里还有小桥。"

浩浩:"我见过公园里还有假山呢。"

萱萱:"那我们快来一起搭一座漂亮的公园吧!"

四个小朋友经过商量后各自分工,晨晨选择搭建公园里的塔,鑫鑫搭建小桥,浩浩搭建假山,萱萱搭建公园里的湖。

可是浩浩搭建的假山到第三层后连续倒了两次,便皱起眉头停止了搭建并想要离开。这时,我连忙走了过去:"这么漂亮的假山没有完成真是太可惜了!"

浩浩:"可是搭到这里总是会倒。"

老师:"我发现假山的第二层平铺往左边倾斜了一些,这会不会是造成第三层容易倒塌的原因呢?"

浩浩仔细观察了一下:"哦,我知道了!这边的纸牌比另一边的矮了一点点。"

说完,浩浩便找了高度一样的纸牌重新开始搭建,不一会儿,一座高高的假山就搭好了。

老师:"公园里除了这些,还有没有别的东西了?"

萱萱:"我知道,我看到公园里还有小路、路灯和我们可以休息的椅子。"

说完,萱萱便动手搭了起来。在大家的合作下,一座漂亮的公园就完成了。

分析与反思

经过这几天的纸牌搭建,幼儿积累了一定的搭建经验,搭建技巧有所提高,对纸牌搭建也产生了浓厚的兴趣。在游戏过程中,幼儿能够相互讨论、互相合作、分工明确,将生活中见过的场景运用纸牌展现出来。

教师在游戏中做了有效的支持和引导,当幼儿遇到困难想要放弃时,教师及时给予鼓励,与幼儿共同探讨出现问题的原因,启发幼儿思考失败的原因,帮助幼儿增长经验,推动了幼儿的游戏进程。

调整策略

幼儿通过合作拼搭出公园里的塔、假山、小桥、小路、湖、路灯、排椅等,但整个公园仍缺少生机,这主要是教师前期提供的材料较为单一,所以接下来教师会提供彩纸、剪刀、胶带、画笔等辅助材料,让幼儿动手用辅助材料与纸牌相结合,制作场景中的事物。同时,也提供更多的拼搭材料,如纸杯、纸板,丰富区域材料,并再次与幼儿欣赏不同风格的塔、楼等建筑物,鼓励幼儿设计自己的公园。

三、游戏活动的特点及价值所在

(一)游戏活动的特点

《幼儿园教育指导纲要(试行)》中强调:要尽量创造条件让幼儿实际参与探究活动,使他们感受探究的过程和方法,体验发现的乐趣。纸牌属于低结构材料,可以通过折叠、弯曲变成立体造型,而后可以通过排列、搭高、连接等进行搭建,平面和立体造型可以相互结合,变化出多种搭建方法,由个人搭建一个建筑物到合作搭建建筑物,运用的游戏技能越来越多,游戏内容逐渐丰富。纸牌叠高是一个让幼儿充分体现自主性的游戏活动,在游戏过程中,幼儿通过反复地观察、讨论与探索,一步步发现游戏的技巧,不断积累经验,调整自己的原有认知,通过动手与动脑相结合不断提升自己的探究和动手操作能力。

(二)对幼儿学习发展的价值

纸牌轻薄、稳定性差,容易出现建筑物倾斜倒塌的情况,需要幼儿控制手的力度,手、眼配合一致,如果建筑物倒塌了,又需要重新搭建,对幼儿的耐心和细心都是考验。在游戏活动中,幼儿能够感知纸牌从平面到立体的变化,发现如何搭建才能让建筑物又高又稳定,获得了平衡、对称等科学经验;幼儿之间不仅能够相互交流自己的原有经验,在遇到问题时能够相互探索讨论,结合生活经验寻求解决问题的方法,经历了发现问题、分析问题、解决问题的自主学习过程。

(三)教师支持行为的适切或不足

作为教师,当幼儿游戏遇到困难时,不能急于介入,而是提出问题,让幼儿探索解决问题的方法,鼓励幼儿大胆思考。当幼儿初次对折纸牌立不住时,教师引导幼儿观察立住的纸牌与立不住的纸牌的区别,引导幼儿自主探索,发现问题所在并思考解决问题的方法,一步步提高幼儿的探索精神。但是,我们也发现在游戏过程中,教师的思想比较局限,如引导幼儿将纸牌短边对折,而忽视了纸牌还可以长边对折,没有突破性。

(四)生成的教育契机以及进一步的支持策略

下一步我们将提供丰富的游戏材料,如纸杯、筷子、胶带,开展搭建活动,引导幼儿观察生活中各种各样的建筑物,丰富幼儿对各种造型的认知,可以请幼儿与家长一起进行纸牌搭建,还可以通过举行分组搭建比赛,培养幼儿的合作精神,激发幼儿的竞争意识。

大班主题活动区域游戏案例：学做小学生

莱西市滨河幼儿园　王　娟　姜志华

一、主题来源

幼儿园生活即将结束,幼儿即将成为一名小学生,心里充满着成长的喜悦和自豪,不论对幼儿还是对家长来讲,这都是很重要的一步。本主题力求通过多种活动,激发幼儿强烈的入学愿望,在心理、物质特别是习惯养成方面做好充分的准备,帮助幼儿建立初步的任务、责任、规则和时间意识,为顺利入学打好基础,同时通过营造温馨氛围,让幼儿体会与教师、小朋友的深厚感情,学会感恩,学会珍惜友情。

本主题在做好入学准备的同时,强调提高幼儿的各种能力,以强化幼儿"我真行、我真棒"的意识,使幼儿能自信、从容地跨入学校的大门,并尽快适应学校生活,以积极、健康的心态迎接小学生活,顺利度过幼小衔接的关键期,争取做一名快乐、合格的小学生。

二、主题目标

初步了解小学的环境、教学设施、作息时间等基本情况以及小学生学习和生活的主要内容,在观察、对比中发现小学与幼儿园生活的主要差别,减少对小学的陌生感、神秘感。

幼儿能积极地与同伴交流自己对小学的认识,愿意说出自己的困惑,并能与同伴讨论应对策略;会独立整理书包、文具盒等学习和生活用品;有一定的任务、责任、规则和时间意识,具有一定的解决问题的能力。

积极参与各种活动,幼儿在探索、交流、展示、体验等活动中萌发强烈的入学愿望,在心理、习惯养成等方面做好充分的准备。

三、主题环境创设

布置"问题树"墙饰,引导幼儿将已经得到解答的问题粘在树枝上。

在活动室醒目位置悬挂钟表,供幼儿观察时间变化。

预留主题表征墙,将幼儿参观小学后的美术作品及其他有关作品作为主题背景。随着主题的深入,分板块展示"我要上小学"统计表、课程表、上学路线图以及"我的课间活动"等幼儿表征作品。

四、主题区域活动创设与实施

(一)语言阅读区

目标

(1)学习观察图画书、绘本故事、小学生生活照片中关键画面形象、情景变化,将之串联起来,理解图画内容,感悟故事中蕴含的道理。

(2)能结合自己的参观经验与同伴谈论小学生生活,萌发想当小学生的美好情感。

(3)愿意用图画和符号表现自己对小学生生活的理解。

材料

(1)绘本图书。

① 励志图书:《自强自立才能长志气》《穷人的孩子早当家》《比贼还笨的人》《没有比脚更长的路》《永远走在别人前头》《自信是成功的第一秘诀》。

② 学习习惯图书:《耐心专注的好习惯》《学习音乐的好习惯》《学习绘画的好习惯》《口语表达的好习惯》《阅读图书的好习惯》《探究事物的好习惯》。

③ 行为习惯图书:《自己的事情自己做》《幼儿好行为养成教育丛书》(礼貌行为篇、独立自信篇、交往行为篇、生活习惯篇、学习习惯篇、分享合作篇)。

(2)自制绘本故事:《上学路上》《名字的由来》。

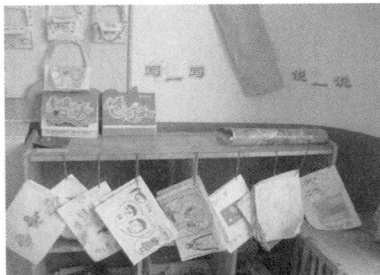

自制绘本《上学路上》　　　　自制绘本《名字的由来》

玩法及指导建议

（1）绘本阅读。

① 自由阅读：幼儿自由地翻阅讲述。教师指导幼儿学习按页码、从左向右、自上而下的顺序看书，指导幼儿观察每幅画中关键画面形象，理解前后画面的联系，感知故事中的道理，提高幼儿的理解能力。

② 移情阅读：幼儿站在阅读材料中某一角色的立场思考问题，提出见解。例如，"如果你是故事中的xx，遇到这种情况你会怎么办？"引导幼儿在思考中理解并使用好习惯、好行为。

③ 角色扮演阅读：幼儿口头扮演或动作扮演阅读材料中某一角色，说某一角色的语言，做某一角色的动作等。教师指导幼儿理解绘本故事中不同图画形象之间的关系，幼儿能够用语言讲出画面内容或重点内容，能联系、感知前后页图画信息，讲述自己理解的阅读内容。

④ 分享阅读：引导幼儿将自己看到的内容讲述给同伴听，以调动幼儿阅读的积极性，不断丰富幼儿的阅读经验，帮助幼儿成长为独立的、成功的阅读者。

（2）名字的由来：说名字、猜名字、画名字。

① 活动前指导幼儿主动采访自己的长辈，探究自己名字的由来。

② 指导幼儿设计个性化名片，表现对自己名字的理解，能与同伴分享自己名字的寓意。

③ 鼓励幼儿辨认同伴的名字，并愿意为同伴设计名片。

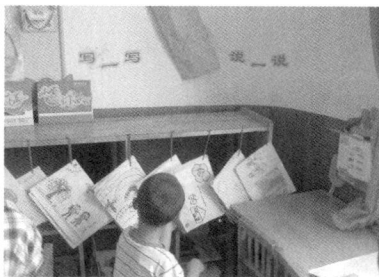

说说我的名字寓意

（3）上学路线：幼儿根据绘制的上学路线图讲述上学路线。

① 指导幼儿根据自己平日观察、记录的上学路线，绘制上学路线图。

② 引导幼儿与同伴互相交流上学路上经历的故事,能说出上学路上的典型标志物(如街道、建筑物的名称)。

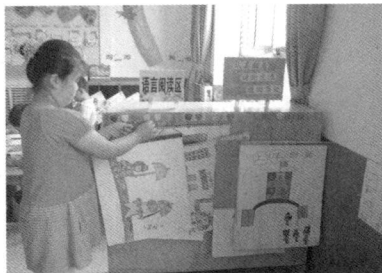

找找我的上学路线图

(4)小学之旅:幼儿结合参观照片讲述小学生学习生活。

① 活动前参观小学,根据图片内容讲述自己对小学生在教室、活动室、图书室、微机室里学习的感受,谈一谈作为小学生需要准备些什么。

② 指导幼儿结合自己的参观经验与同伴谈论小学生生活,萌发想当小学生的美好情感。

③ 指导幼儿按照照片排序讲述并了解小学生一天的活动内容。

(二)角色扮演区(学做小学生)

目标

(1)模仿小学生在校的活动,能主动发起活动或在活动中出主意、想办法。

(2)熟知小学生学习和生活的主要内容,减少对小学的陌生感,对小学生活产生向往之情。

材料

(1)设置乘校车场景、校车模型。

(2)设置"小学校"情境,提供桌椅、小黑板、粉笔、学习用品等。

(3)设置餐厅场景(小餐桌、餐具、椅子)和自制的各种自助食品。

(4)设置陌生人接学生情景,提供墨镜、背包。

(5)设置卫生室场景,提供卫生保健器械、服装。

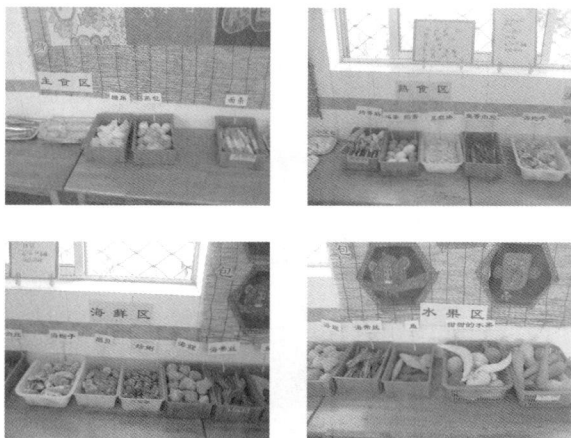

餐厅场景

玩法及指导建议

（1）安全乘校车：幼儿根据自选角色进行游戏。

① 活动之前带幼儿参观小学校车，丰富幼儿的乘车经验。鼓励幼儿自由讨论分配角色，接车教师、驾驶员、小学生各就其位。

② 指导幼儿总结乘车规则，并能说出制定规则的原因。幼儿在游戏中能自觉遵守规则，懂得保护自己。

（2）学做小老师。

① 指导幼儿模仿小学生上课，在游戏中加深对小学生课堂行为规范的理解。

② 指导幼儿了解小学生丰富多彩的学习内容，激发上学愿望。

课间做眼保健操

（3）自助餐：餐前准备、自主取餐、文明就餐、餐后整理。

① 活动之前带幼儿参观滨河小学的学生就餐过程，与幼儿一起讨论自助餐的注意事项及就餐礼仪。

② 指导幼儿有秩序的取餐、就餐。

③ 提醒幼儿按需取餐，注意营养搭配，渗透节约教育。

自制自助餐

（4）放学路上：教师扮演陌生人与幼儿游戏。

① 引导幼儿结合生活经验，预想放学路上可能出现的情况，并能积极想办法应对，保护自己的安全。

② 教师扮演陌生人，指导幼儿从不同情境和角色的角度考虑问题，表达自己的想法，增强幼儿的自我保护意识。

③ 丰富幼儿对突发事件的应对经验。

（三）科学发现区

1. 我会测量

目标

（1）能发现生活中的许多问题，可以用数学的方法来解决，体验解决问题的乐趣。

（2）喜欢用测量的方法验证自己的猜测，并能用数字、图画、图表的方式进行记录。

材料

各类测量工具（直尺、卷尺、三角尺、小棍、筷子、记录纸、笔）。

测量工具

玩法及指导建议

（1）量一量我的身高。

① 指导幼儿用卷尺探索测量身高的方法，商量记录方法。

② 观察幼儿用什么方法、什么材料进行测量。

③ 观察幼儿是否能正确运用"首尾相连"的测量方法。

我和同伴比高矮

（2）小桌子小椅的长度。

① 用直尺、三角尺测量。

② 与同伴合作、商量测量方法，并用图示法记录、统计数据。

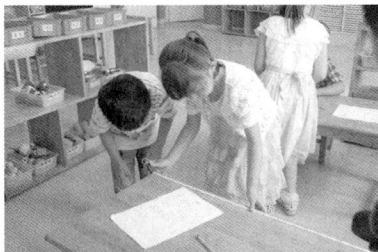

我们一起来测量桌子的长度

（3）小小藤蔓有多高。

① 尝试用直尺及辅助材料（身体、毛线等）测量藤蔓长度。

② 测量过程中比较用哪种方法测量更方便、准确。

③ 体验探索的乐趣。

合作测量藤蔓的长度

2. 时钟你我他

目标

（1）喜欢认表，能认出整点、半点，知道秒针行走一圈就是一分钟。

（2）了解闹钟齿齿相扣的机械原理，感受机械传递的神奇。

材料

各种时钟、小螺丝刀。

玩法及指导建议

（1）认识整点、半点：指导幼儿认出整点、半点，知道秒针行走一圈就是一分钟。

（2）幼儿根据小学生的游戏提示本学拨时钟，并能说出几点钟应该干什么，将活动图画贴在相应的时间表内。

（3）转动的齿轮：指导幼儿观察齿轮的转动和指针的关系，按照螺丝大小选择合适的小工具进行拆卸。

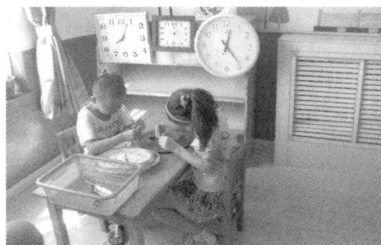

探索钟表的秘密

3. 文具用品

目标

（1）熟悉、了解文具的名称、用途、构造，知道如何爱护和正确地使用学习用品。

（2）逐步习惯独立整理和保管自己的用品。

材料

弹簧式单芯、双芯、多芯圆珠笔以及铅笔、橡皮、尺子等各种文具。

玩法及指导建议

（1）文具使用：幼儿尝试使用各种文具，指导幼儿正确使用文具。

（2）文具组装：引导幼儿按顺序拆装，学会按顺序做事。

4. 统计节目单

目标

掌握分类和统计的方法。

材料

"毕业典礼"节目报名表、纸、笔。

玩法及指导建议

（1）指导幼儿将节目形式进行分类统计，并绘制成节目单。

（2）指导幼儿根据毕业典礼活动内容进行合理分工。

统计毕业节目

（四）美工制作区

目标

（1）能根据图示步骤制作小书包，用自己喜欢的方式设计书包、学生证、校服等,掌握用纸浆作画的技巧。

（2）能创造性地运用多种材料进行设计和制作,表达自己对小学生活的向往。

材料

各种颜色卡纸、折纸图示、自制纸浆、刮画纸、砂纸、剪刀、胶水等。

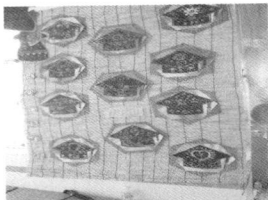
刮画:我设计的博士帽

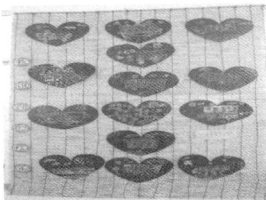
刮画:爱心校车

砂纸画:名字大变身

自制纸浆

美工材料

刮画材料

玩法及指导建议

（1）手工制作:设计小书包、包书皮、博士帽、立体小学。

幼儿按照图示折叠书包、包书皮、制作博士帽,利用废旧牙膏盒制作立体小学,同伴间相互合作、学习,作品放置于展览区。

（2）绘画:我心中的小学、我设计的校服、课程表。

① 指导幼儿用不同颜色的纸浆搭配设计校服,制作过程中能与同伴交流并互帮互助完成作品。

② 幼儿用线条刮画纸刮出心目中小学的外观,并能与同伴交流分享自己的作品。

③ 鼓励幼儿用清楚、连贯的语言讲述自己作品的内容及想法,发展口语表达能力。

刮画:课程表

刮画:我心中的小学

（五）音乐表现区（毕业典礼彩排）

目标

（1）能与同伴协商讨论、策划毕业联欢会并设计节目单。

（2）能大胆创编动作、合作编排节目内容。

（3）学会与同伴合作制定计划并执行,体验集体合作的乐趣。

材料

音乐图谱、各类打击乐器、服装、录音机、磁带等。

各类材料

玩法及指导建议

（1）指导幼儿根据制定的演出计划分工进行排练。

（2）节目一:朗诵《毕业诗》,幼儿合作且有表情地朗诵毕业诗。

（3）节目二:演唱《上学歌》,幼儿能大胆创编动作,表现歌曲内容。

（4）节目三:演奏打击乐《毕业歌》,幼儿能按"小指挥"的节奏要求演唱歌曲。

（5）节目四:快板合奏三句半《夸夸我的幼儿园》,幼儿自由编排动作。

（六）拼插建构区（美丽的小学）

目标

（1）能有计划地分工协商"美丽小学"的建构,在活动中积极表述自己的想法和建议。

（2）愿意倾听同伴建议,对小学生活充满好奇和向往。

（3）主动承担任务,遇到困难时能与同伴共同解决。

材料

（1）各种不同形状和大小的木制积木、插塑、易拉罐瓶、纸箱、塑料。

（2）各种拼插图片范例、纸、笔。

搭建美丽的小学

玩法及指导建议

（1）鼓励幼儿与同伴合作建造,在合作"碰撞"中激发创造力;分工搭建小学(主教学楼、多功能厅、图书室、厕所、操场)等。

（2）观察幼儿是否大胆运用各种材料构建小学的建筑,引导幼儿根据提供的材料和自己的想法进行制作。

（3）适时参与幼儿的搭建活动,并根据情况提出一些问题,号召幼儿共同解决,如搭建物特征、道路畅通、有规律地"种树""砌栅栏"、建筑群合理分布等问题。

（4）鼓励建筑师有条理地介绍自己的建筑成果,发展语言和思维。

（5）扩展主材与辅材,使幼儿能综合运用堆高、围拢、延长、增宽、盖顶等基本技能进行灵活的创造性搭建,发展幼儿的想象力和创造力。

美丽的小学全景

（七）益智游戏区

目标

（1）在游戏中了解小学生行为规范、交通规则等。

（2）尝试通过数数、测量的方法了解一分钟到底有多长。

（3）自由结伴下棋,能够做到坚持到底。

材料

（1）跳棋、五子棋、斗兽棋、象棋,自制的安全棋、上学棋、环保棋、计算棋、行为规则棋、文明礼仪棋、迷宫。

（2）提供自制的"对号入座"智力板。

（3）时间卡与活动卡。

跳棋

斗兽棋与安全棋

上学棋与环保棋

行为规则棋　　　　　自制的"对号入座"智力板

玩法及指导建议

（1）下棋。

① 指导幼儿了解棋面上标注的规则要求，鼓励幼儿大胆尝试。

② 幼儿与小伙伴合作走棋子，懂得遇到困难商量着解决。

（2）整理书包。

① 在整理书包、笔袋的过程中引导幼儿了解小学生的常用物品，区分文具与玩具，并能有条理地整理书包。

② 整理书包大赛。设计按图示、课程表整理书包的比赛内容，记录幼儿整理书包的时间，引导评价书包整理情况，分析、总结整理书包的方法。

（3）一天的活动。

幼儿与同伴合作，将一日活动各时间段与钟表时间段相对应，通过活动加强对幼儿园一日活动各环节的了解。

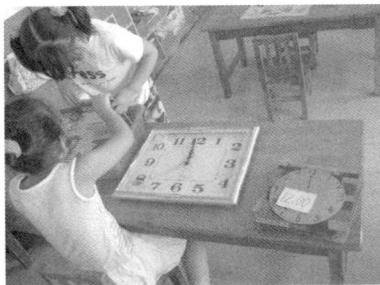

找一找与实践对应的活动卡片

关爱、鼓励、变化案例

莱西市月湖小学幼儿园　　王均香

内容提要

我们班有一名叫晓彬的小朋友,口吃相当严重,由于环境的影响以及教育方法不当,孩子性格逐渐发生变化,直接束缚其社会性的发展,后来老师对其口吃成因进行了解,制定了一系列矫正计划和措施。关爱、引导孩子,帮助其树立威信、培养自信,在班级里建立正确的舆论导向,推动孩子立志感的发展,鼓励孩子自我表现。社会性干预结果:孩子的口吃现象逐渐转好,自尊心逐渐增强,心理素质逐渐提高。作为老师,我感到很欣慰。

一、研究对象基本情况分析

1. 研究对象

晓彬,男,6岁,口吃现象非常严重。他是幼儿园大班幼儿,长得白白净净,很可爱、聪明。他绘画很好,无论是在作品的安排还是色彩的搭配上都很有天赋,想象力丰富。

2. 家庭情况

幼儿父亲的工作稳定,母亲下岗后每天接送孩子,对孩子非常有耐心。

3. 个性特征表现

他很少讲话,活动中从不主动回答问题,一说话就紧张,越紧张越口吃,越口吃越说不清楚,情绪也随之低落,久而久之,形成了一个恶性循环,表现出一种自卑的情绪,往往一句话要说好长时间。他总是不敢面对其他孩子讥笑的目光,在小班和中班时,还比较活泼,可上大班后,逐渐把自己封闭起来,表现得越来越沮丧、退缩,做什么事情总是先自我贬低。

二、寻找原因

1. 家庭教育不当

要想纠正孩子的口吃，首先要了解孩子形成口吃的原因，我就此走访其母亲。孩子在牙牙学语时，并不口吃，但他在农村的爷爷口吃，有一次爷爷进城住院，他和妈妈去探病，爷爷说话时，他觉得很好玩，因此进行模仿。2～3岁孩子的行为出于纯粹的模仿，起初家长并不加以制止，反而感觉很好笑、好玩，成人对他的行为表示高兴，他也随之高兴，学得越来越像，谁知爷爷走了，口吃也改不了了，而且越来越厉害，家长这才注意到事态的严重性，急切地帮助孩子纠正口吃，对孩子说话进行过度限制，后来就加以斥责、恐吓，再后来就加以惩罚，孩子开始不愿意说话了，口吃越来越厉害。

2. 班级和社会的影响

孩子入园后，与伙伴一起玩耍，口吃情况稍有好转，但到大班后，口吃反而越来越严重。原来，他在小班和中班说话时，只在成人面前才感到羞愧，上了大班后，则在同伴面前经常因自己的口吃而感到羞愧。

3. 幼儿主观原因及情感障碍

集体的舆论已越来越重要，极度强烈的羞愧感束缚他的发展。因此，他开始逐渐封闭自己，尽可能不说话或者不表现自己，以免自尊心受到伤害。这直接影响各项活动，他害怕与同伴交往，情绪极度低落，甚至有些消极。

二、社会性干预前的准备

1. 选择正强化物调查表

对幼儿及其家长进行询问、调查，确定对他的有效强化物，并按由弱到强的顺序排列：口头表扬、微笑点头、小贴画、拥抱、竖起大拇指、拍手鼓励、铅笔、户外游玩、与老师一起游戏、当班长、奥特曼玩具。然后，据此准备好实物性强化物，以供强化时及时使用。

2. 取得家长配合

教师在矫正前把矫正计划告诉家长，并说清计划的心理依据，征求他们的意见，争取他们的配合，尤其是要求家庭教育同幼儿园教育保持同步，鼓励孩子大胆进行口语表达,当他有进步时,家长要支持配合,给孩子买一些小动物贴画或外出游玩一次。特别强调两点:一是不要在孩子口吃时打断他,不能要求他说清楚,然后予以强化。应当在他说话流利时予以强化鼓励,帮助他建立言语流畅的行为。二是惩罚孩子的口吃行为会造成反强化问题,任何粗暴地打断孩子口吃言语或当他口吃时批评、打骂的做法都可能加重孩子的口吃问题。

三、社会性干预

(一)第一阶段

1. 无私的爱是建立自信的基础

(1)树立威信、培养自信。

在日常生活中,我对他实行特别的情感教育,使他能感受到老师特殊的关爱。经常拉拉他的手,询问一些他比较喜欢的东西或喜欢做的事情;经常抚摸一下他的头,经常给他鼓励和赞赏的目光;提醒他在活动和游戏中大胆表现自己,经常给他表现自我的机会;他在游戏和学习上取得成功时及时给予表扬,尽量避免让他体验过多过强的失败情绪,及时发现他在活动中的优势领域和兴趣,并鼓励他去探索、发现,经常为他的一点进步而鼓掌。

(2)在班级里建立正确的舆论导向。

为此,我和全班小朋友进行了一次主题谈话活动"假如你是晓彬……",让小朋友进行一次角色换位,感受一下因口吃而被讥笑的心情,并让孩子讨论出帮助的具体办法,对经常讥笑别人的孩子"晓之以理,动之以情"。不断激发幼儿的情绪共鸣,使他们从小能对符合社会道德的行为产生愉快、自豪的情绪体验,对违反社会道德的行为表示厌恶、蔑视、羞耻,逐渐形成一种正确的集体舆论。孩子们通过活动好像长大了许多,有的主动向他道歉,并表示今后要关心、帮助他一起战胜口吃。在活动中,他和小朋友的距离一下子拉近了许多,脸上露出了久违的笑容。

2. 反馈表现

当他敢举手回答问题时,老师给予他很高的评价,当他不再害羞时,小朋友用掌声给他鼓励。有一次,他高兴地对妈妈说:"我今天得了一朵小红花,我要把贴在窗户上。"通过反复的强化练习,他爱说话了,也愿意主动表现自己,经常围在老师身边悄悄说一些有趣的事情,老师经常为他的表现竖起大拇指,他说话不再害羞,对老师也有感情了,和小朋友也能友好相处,而且经常能提出许多问题。"孩子和刚来时简直判若两人。"这是他妈妈含着眼泪对我们说的话。

（二）第二阶段

1. 尝试"接受"和"忽视",鼓励孩子表现自我

孩子建立了自信心,心理障碍消除了,于是我在矫正工作中尝试"接受"和"忽视"。"接受",即孩子接纳自我,只有坦然接受自己的不足,才能不被这些缺陷所困扰。不存在排斥情绪,即便是对自己的不足或失败,也不感到羞耻或内疚,这样,他说话时才会不紧张。"忽视",即成人和周围的环境要忽视,孩子的口吃,不要在意他,让孩子自由自在地发挥,不要刻意让孩子感觉自己口吃。在以后的日子里,我总是安慰孩子不要在意自己口吃,想说什么就大胆说,自己不要紧张,说不好,老师和小朋友都不会因此而取笑他。他能熟练复述比较长的故事时,老师奖励他一支铅笔,孩子激动得满脸通红,成人没有再刻意关注他的口吃,也没有强迫他慢点说,使他开始慢慢淡忘自己口吃。

2. 反馈表现

两个月过后,他在社会性方面有了很大进步,无论和他说什么,他都能对答如流,口吃现象很轻微,说话流利了许多。

（三）第三阶段

1. 家园密切合作巩固矫正成果

首先,教师和家长需要增强与孩子的交往,认真听孩子说话,给予他足够的关注,使他有安全感。其次,教师和家长不要总让他认识到自己说话结巴,这样会使孩子在交往过程中产生强烈的紧张感,缺乏自信心,说话更加不流利。最后,在为他准备的言语学习活动与日常交往中,教师和家长应注意将自身说话的语速放慢,语调平稳,吐字清晰、有节奏,创造出一种安全、平和的言语模仿状态。作为他生活中的榜样,教师与家长的言语行为是最有力的治疗工具,平时要避免对孩子说"跟我这样说""不要像这样说"（模仿孩子的口齿发音）,这种交往方式有可能使孩子更加口吃,因为这会引起孩子对自己口吃问题的注

意而构成一种压力。教师和家长也要注意不在孩子结巴时说"慢一点""平稳一点",因为孩子听了往往会说得更快,结巴得更厉害。教师和家长不仅自己说话要轻柔、流利和稳健,遇到孩子口吃时也不要重复孩子没能表达清楚的话,这样能给孩子提供正常的言语模仿环境,帮助他逐步改变口吃行为。

2. 反馈表现

在大家的共同努力下,孩子的自尊心逐渐增强,心理素质逐渐提高。教师跟踪观察,至孩子大班毕业,无论在什么场合,孩子都敢说、敢做,对生活充满信心。在不慌不忙的情况下,他基本上不出现口吃现象,也能和同伴友好相处,一起参加节目演出。在教育活动中,他能积极举手发言,而且表达得很清楚。孩子一天一天大方、活泼,在大班的半年里有了明显的飞跃式突破,家长、教师都感到欣慰。

游戏案例:种植区的小美好

莱西市沽河街道孙受中心幼儿园 张忠英 栾晶晶

一、案例背景

为了让孩子们直观地感受植物生长过程,主动探知植物生长的秘密,通过自己动手进行种植来体验大自然无穷的奥秘,同时增加孩子们对自然环境的探索兴趣,我们为幼儿创设了"种植观察区"。在"种植观察区"里引导幼儿进行简单的种植活动,让孩子们观察红豆、黄豆、绿豆等植物生长变化的过程。孩子们经常给植物浇水,观察植物的变化,并对所种植物做详细的生长记录。

二、活动内容与过程实录

游戏活动实录1

早晨,青竹很早就来幼儿园了。我请她去种植区给植物浇水。青竹浇水时,并不知道哪些植物需要少浇水,哪些植物需要多浇水,她就都浇了很多水,然后离开了。

给植物浇水

新瀚到种植区看了看自己的花生,发现花生有些枯萎了,但是土壤里面并不缺水。之后他又观察了水培的小麦,他急匆匆地告诉我:"老师,小麦里面泡烂了,不能发芽了。"我说:"为什么呢,你想一想我们可以用什么办法改良一下?"新瀚说:"那我们少放点水,让种子保持湿润就可以了,不过我们得换新种子了。"我也赞同他的想法,于是我们又按照他的办法重新放了一份种子进去。

观察植物

分析与反思

(1)由于没有教幼儿学习养殖植物的知识,幼儿不知道怎么浇水。

(2)对于花生不缺水却枯萎了这个情况,教师没有对幼儿进行解答,容易让幼儿产生困惑。

（3）种子植物的观察记录没有及时放到架子上，幼儿没有学习到植物的变化，达不到创设种植区的真正意义。

游戏活动实录 2

上次活动之后我就把种植记录挂到了架子上，几天之后青竹又在种植区观察，这次她的目标是"看谁长得快"这一板块的植物。我们在湿纸巾、沙子、泥土、湿棉花四种不同的环境里种了生菜，通过观察，她发现种在泥土里的生菜长得最高、最快。

一会儿芩芩也过来了，她问我："老师，我也想观察一下这些生菜，可以吗？"我当然很乐意，孩子们喜欢来"种植观察区"是好事。由于生菜长得太密，看不到底下的"土壤"，芩芩一边用手轻轻扒开小菜苗，一边仔细地看了看，最终她得出结论：生菜在泥土里长得最快，在湿纸巾里长得最慢。观察完毕，他们还认认真真地在种植记录上做了记录。我又提醒他们下次可以过来观察一下水培的种子。

分析与反思

我们给孩子们提供了可供探索发现的"土壤"，让幼儿自主、主动地观察植物的生长过程。孩子们不自觉地就会被吸引到种植区进行活动，并且对种植区越来越感兴趣。

游戏活动实录 3

过了一段时间，三个小家伙心心念念的小种子终于发芽了，绿豆、红豆、小麦、黑豆都长出来了。"老师，这个种子好神奇呀，只蘸了一点点水竟然也可以发芽！"青竹说。"对呀，这是我跟老师一起想到的办法，而且水放多了种子容易烂掉。"新瀚骄傲地拍着胸脯。我问他们："你们看到没，我在容器表面还蒙了一层薄膜，上面扎了小孔，这是干什么用的？""我知道，我知道！可以保温，扎小孔是为了透气，种子也要呼吸！"青竹抢着说。她的回答让我很惊讶，孩子们的世界是很多姿多彩的。

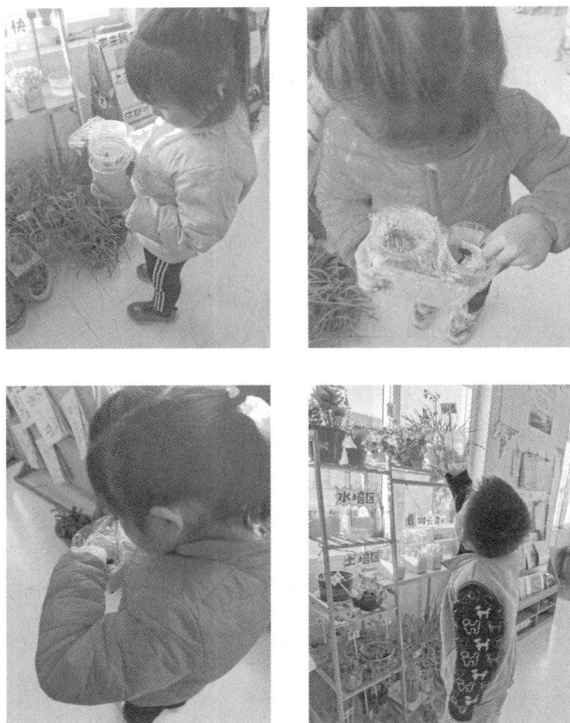

种植区的美好时光

分析与反思

多给幼儿提供一些探索发现类的材料会大大增加他们的活动兴趣，而且孩子的知识面有时候是我们意想不到的，就像青竹抢答的问题，我没想到她能考虑到这些问题，而且回答得很迅速。对于这个情况，我感到很欣慰，说明种植区的活动是有成效的。

三、归纳总结

种植活动一旦进入幼儿园，就不再是纯粹的种植，而是承载着诸多教育价值的种植课程。幼儿园种植课程不同于农业院校的种植专业教育。它不是为了让幼儿获得有关种植的专业知识，而是以种植活动为媒介，促进幼儿发展。例如，让幼儿持续、深入地研究一种植物，帮助他们掌握科学研究的方法，培养科学素养，激发热爱自然的情感。

幼儿园种植课程所属的领域是科学。在种植活动中，幼儿可以对所种植物的生长情况进行持续深入的研究,进而对周围其他植物及其生长情况产生兴趣、好奇心和求知欲。通过种植活动,幼儿可以掌握科学研究的心智技能和方法技能,包括对植物生长现象的好奇、提问、探究、调查、讨论、反思以及形成自己的观点和理论。在种植活动中,幼儿要运用点数、测量、排序、分类等数学技能来完成种植任务,感受种植活动所蕴含的数量关系并体验到数学的重要性和趣味性。通过种植活动,幼儿能发现各种植物的外形特征、生长周期、生长需求及植物与环境之间的生态关系等,在接触自然、探索自然的基础上,幼儿能萌发热爱大自然的情感,养成尊重生命、保护环境的态度。

以学促研　学以致用
——优秀教案

青岛市幼儿园名师开放课交流活动

大班语言活动"其实我很喜欢你"

莱西市机关幼儿园　　程江月

设计意图

每个人的成长都离不开从朋友那里获得温馨友爱的情感体验,而童年的友谊尤为纯真。《其实我很喜欢你》这个绘本故事描写了小熊和小狐狸之间真挚的友情,小熊想和小狐狸成为朋友却不知道如何表达。大班幼儿有强烈的交友意识,很愿意交朋友,同样更希望得到对方的友谊,但他们也常常羞于向对方表达自己的情感。根据绘本故事,我们设计了大班语言活动"其实我很喜欢你"。本次活动旨在让幼儿体验小熊和小狐狸的心理感受,引导幼儿与同伴交往时要勇敢大胆地把自己的想法告诉对方,以此帮助幼儿从小树立"敢说、敢表达自己感受"的意识,培养幼儿的语言表达与社会交往能力。

活动目标

(1)初步理解故事中小熊和小狐狸的心理,知道与同伴交往时要敢于把自己的想法告诉对方(重点)。

(2)能根据故事内容,用语言、动作、表情等方式表达出小熊和小狐狸不同的心理感受(难点)。

(3)愿意向同伴表达自己的真实感受,体验与同伴在一起的美好。

活动准备

经验准备

交朋友的方法。

材料准备

故事内容 PPT 课件、配乐。

教学策略

1. 视听结合，产生情感共鸣

在活动中，利用多媒体课件讲述故事，精彩的幻灯片形式配以音乐的渲染引发幼儿对文学作品的深刻感悟，从而唤起幼儿在生活中和朋友交往时的共鸣。

2. 由人及己，易于接受新经验

活动中请幼儿通过观察、感受、评论故事中别人的情感进而联系到自身，让幼儿最终关注到应该如何向自己身边的朋友表达情感。这种"由他人及自己"的方式，易于幼儿接受新经验。

3. 深刻挖掘作品，知、情、意、行统一

活动中充分挖掘文学作品的用词和角色心理，使幼儿通过细致分析角色心理变化，通过表情、动作、语气等多种方式，在情感上深刻理解之后转化为自己的语言以表达出内心所想，最终实现知、情、意、行的统一。

活动过程

1. 组织谈话——引出故事名称

（1）组织幼儿谈话：你有朋友吗？你是用什么办法交到好朋友的？

鼓励幼儿大胆说出自己的方法，如共同做游戏、送礼物。

（2）出示课件，交代故事名称《其实我很喜欢你》。

2. 采用关键中断法讲述第一遍故事——初步理解故事中角色的心理感受

（1）从开始讲到"不知道为什么，小熊老是想做一些事情，让小狐狸注意到自己"，引发幼儿猜想：你知道为什么吗？帮助幼儿理解小熊想交朋友。

（2）讲到"闯了祸，小熊好几天没敢出门"时，引导幼儿结合生活经验进行讲述。

提问：① 小熊都闯了哪些祸？它是故意的吗？

② 小熊想干什么？心情怎样？

③ 如果你是小熊,你想用什么方法和小狐狸交朋友?

鼓励幼儿帮助小熊想办法,并大胆进行表达。教师及时给予肯定和小结。

(3)讲到"心里想什么就写什么呗"时,鼓励幼儿猜想:如果你是小熊你会写什么?

(4)讲到"他把这封信高高兴兴地塞进了小狐狸家的门缝里"时,鼓励幼儿猜想故事的结尾。

提问:① 小熊是怎样写的? 小狐狸会收到信吗? 小狐狸的心情会怎样?

② 如果你是小狐狸收到信后会喜欢小熊吗?

(5)讲至故事结尾,分析小熊激动的心情。

提问:① 为什么小熊一骨碌爬起来了?

② 这个好听的声音是谁说的?

鼓励幼儿用小狐狸的语气和声音练习短句:"其实我很喜欢你!"

3. 配乐欣赏第二遍故事——幼儿大胆表现小熊和小狐狸交朋友的情节

教师结合多媒体完整讲述故事,鼓励幼儿用自己的动作、语言、表情来表现小熊和小狐狸交朋友的情节。

提问:他俩是怎样交上朋友的?

4. 经验迁移与提升——愿意与同伴分享自己的真实感受

引导语:每个人都有自己喜欢的朋友,你的好朋友是谁? 你们是怎样相处的? 引导幼儿交流自己与朋友相处的事情,鼓励幼儿大胆表达自己的真实感受。

小结:我们都有很多朋友,如果喜欢他,有心里话时一定要告诉他,让他也感受到你对他的爱,我们的朋友开心了,我们自己也会感到很幸福、快乐!

附故事

其实我很喜欢你

小熊家对面搬来了狐狸一家。

那只小狐狸长得真好看,不知道为什么,小熊老是想做一件事情,让它注意到自己。

小狐狸坐在窗前弹钢琴,小熊觉得很好听,赶紧也拿出小喇叭,"呜哇呜哇"吹个不停。可是，小狐狸好像不太高兴，它"啪"地关上了窗户。"是觉得喇叭声太吵了吗？"小熊嘀咕了一句。

小狐狸在草坪上荡秋千，荡得老高老高。"我也能爬得很高！"小熊赶紧爬上老枣树——哈哈，真的比小狐狸还高呢！哎呀，小熊的裤子被一根大大的树枝给勾住了。"哧啦——"小熊穿上了开裆裤，小狐狸笑得直不起腰。小熊赶紧滑下树，灰溜溜地往家跑，边跑边嘀咕"有什么好笑的？真讨厌！"

小狐狸在河边照镜子。小熊看见了，赶紧跑到河里去捉鱼。哇，一条好大的鱼！小熊用力抓住它，往小狐狸那边扔。可惜鱼溜走了，一块烂泥却正好溅到了小狐狸的新裙子上。

"哇哇哇……"小狐狸哭得好伤心。小熊呆住了，一句话也说不上来。

闯祸了，小熊好几天没敢出门。

等它再去找小狐狸的时候，妈妈却告诉它，狐狸一家去旅行了，要很久才能回来。

小熊孤零零地东转转西转转，觉得好没意思。

回到家，小熊拿出纸和笔，想给小狐狸写信。写点什么好呢？小熊问妈妈。妈妈说："心里想什么，就写什么呗。"

小熊就写："等你回来了，我们一起吹喇叭，好吗？"哎呀，不行，小狐狸好像不爱听喇叭声。

小熊又写道："等你回来，我们一起爬树、荡秋千。"哎呀，也不行，可不能再在小狐狸面前出洋相啦！

小熊又写道："等你回来，我们一起下河捉鱼。"哎呀，更不行，小狐狸那么爱干净……小熊咬着铅笔头，想啊想啊，想了半天，它笑了。

它在信纸上端端正正地写道："其实，我很喜欢你。"这正是它想告诉小狐狸的心里话呀！它把这封信高高兴兴地塞进小狐狸家的门缝里。

这一天，小熊正躺在床上吹喇叭，忽然听见小狐狸的声音，它一骨碌爬起来。"小熊，你看，这是我送给你的礼物！"小狐狸的手里捧着一个大大的海螺。"礼物？"小熊觉得自己像在做梦。"你送礼物给我吗？""是啊！"小狐狸乐呵呵地说，"因为我们是朋友呀！"

"你听，你听——"小狐狸把海螺贴近小熊的耳边。

哇,小熊听到了海浪扑打礁石的声音,听到了海鸥扇动翅膀的声音,还有一个好听的声音在轻轻地告诉它:"其实,我也很喜欢你!"

大班艺术活动"摇摆舞"

莱西市水集街道中心幼儿园　丁贝贝

教材分析

双圈舞是集体舞中的一种舞蹈表现形式,其主要的特征是通过队形变化和舞伴间的配合、交流,体验舞蹈的愉快。"田纳西摇摆舞"是一首结构清晰、节奏感较强的乐曲,适合大班幼儿愉快地创造性学习集体舞。大部分孩子玩过"老狼游戏""照镜子""找朋友"的游戏,活动中以三种游戏为线索,通过游戏互动、交换舞伴等,体验与同伴共舞的快乐。

教学策略

1. 游戏贯穿,感受节奏

提供熟悉的游戏情节,提高幼儿创编的兴趣,在活动中运用"老狼游戏""照镜子""找朋友"三种游戏,使幼儿感受基本的节奏型,熟悉基本的动作模式,从而在后续的两两合作中,掌握双圈集体舞的舞蹈结构。

2. 自主创编,愉快体验

《幼儿园保育教育质量评估指南》中指出要创造机会和条件,支持幼儿自发的艺术表现和创造。活动中在分段感知创编动作时,引导幼儿自由创编动作,同伴之间通过角色扮演积极互动,加深对乐曲的理解,体验与同伴共舞的乐趣。

活动目标

(1)学习双圈集体舞,能够根据音乐做相应的动作。

(2)借助简单的节奏型,探索丰富的动作表达,并在游戏情境中建构完整的舞蹈动作。

（3）享受交换舞伴、与舞伴共舞的快乐。

活动准备

经验准备

（1）活动前熟悉音乐。

（2）活动前丰富幼儿游戏经验：老狼游戏、照镜子游戏、找朋友游戏。

材料准备

（1）每人一个圆形贴道具。

（2）《田纳西摇摆舞》音频。

活动过程

1. 听音乐玩游戏——初步感知音乐节奏

（1）教师在前扮演"老狼"角色，幼儿在后，乐句前两拍跑两步，第二拍结束时教师突然回头，幼儿迅速停止不动，静止两拍。

（2）提问："游戏中的音乐听起来感觉怎么样？"

2. 单圈玩"照镜子"游戏——创编舞蹈动作

（1）玩"照镜子"游戏，教师提供"拍、拍，扭一扭"（乐句前两拍拍手，后两拍扭一扭屁股）的动作，幼儿模仿。

（2）引导幼儿创编新动作替换拍手的动作（如拍肩、捻指、耸肩），幼儿随音乐练习。

（3）全体幼儿随音乐玩"照镜子"游戏，邀请几名幼儿轮流做领头人。

3. 双圈玩"照镜子"游戏——尝试两人合作

（1）面对面玩"照镜子"游戏。请一对幼儿示范，引导幼儿观察示范者的动作，发现其动作特点：做一模一样的动作，朝着一个方向做。

（2）全体幼儿按标志围成里外两圈，面对面站好，随音乐玩"照镜子"游戏。

4. 玩"找朋友"游戏——学习交换舞伴

（1）听语言指令换舞伴。里圈幼儿不动,外圈幼儿听指令按顺时针方向跑向下一个人的位置,和新朋友见面后握握手。

（2）听音乐换舞伴,幼儿随音乐找新朋友并握手。

5. 随音乐跳双圈集体舞

（1）教师邀请舞伴示范。

（2）全体幼儿随音乐完整舞蹈,交换舞伴继续游戏。

附曲谱

田纳西摇摆舞（部分）曲谱

大班社会活动"好长好长的电话"

莱西市香港路幼儿园　李　娟

教材分析及理论依据

大班幼儿的社会交往能力明显提高,他们会关心尊重他人,能够关注别人的情绪和需要,为别人提供力所能及的帮助。《幼儿园保育教育质量评估指南》中指出,要引导幼儿尊重、关心长辈和身边的人,尊重他人劳动及成果。

根据大班幼儿的年龄特点以及《幼儿园保育教育质量评估指南》要求,我设计了社会领域的活动"好长好长的电话",让幼儿通过展板形式描述"我的爸爸",理解爸爸工作的辛苦以及爸爸对自己的爱,通过电话连线的方式增进和爸爸的感情,同时感受电话带来的便利。

教学实施策略

1. 运用视听结合——帮助幼儿理解故事内容

多媒体具有声画并茂、视听结合、感染力强的特点。利用这一特点讲述故事,使幼儿如临其境,能更好地激发幼儿的情感,映射出活动主题。

2. 采用交流讨论——帮助幼儿感受爸爸工作的辛苦

社会性活动主张幼儿多说、多表达,教师引导幼儿分组交流爸爸的工作情况,在讨论中促进幼儿理解爸爸的爱与不易。

3. 使用电话连线——引导幼儿表达对爸爸的爱

运用电话连线的方式,引导幼儿大胆表达对爸爸的爱,既增加亲子互动交流的机会,又让幼儿感受到电话的便利,促进活动目标的达成。

活动目标

(1)理解故事内容,了解电话给生活带来的便利(重点)。

(2)感受爸爸工作的辛苦,大胆表达对爸爸的爱(难点)。

(3)感受父子(女)间的亲情。

活动准备

（1）课件、音乐、绘画纸、展示板。

（2）提前了解爸爸的工作。

活动过程

1. 观看图片——萌发兴趣

（1）教师出示第一张图片，引导幼儿思考。

（2）教师提问：故事发生在什么时候？猜一猜火狐狸的新年愿望是什么？

2. 欣赏故事——了解电话给生活带来的方便

（1）教师完整讲述故事后提问：火狐狸的爸爸为什么不回来陪火狐狸过新年？火狐狸为什么不愿意挂断电话？电话给生活带来了哪些便利？

（2）教师小结：火狐狸的爸爸工作非常辛苦，过年的时候也要给大家送快递，不能回家陪火狐狸过年。火狐狸太想爸爸了，有好多的话想和爸爸说，不舍得挂断电话。现在的手机不但能打电话，还能视频通话、玩游戏、购物，甚至能用手机工作等，它给我们的生活带来了许多便利和快乐。

3. 交流表达——感受爸爸的辛苦并表达对爸爸的爱

（1）分组交流讨论爸爸的工作，感受爸爸的辛苦。

教师提问：爸爸是做什么工作的？平时忙不忙？

教师小结：我们的爸爸从事着各种各样的工作，每一种工作都不容易，需要爸爸付出努力和汗水。

（2）观看视频，再次感受爸爸的爱与不易。

教师小结：我们每个人的爸爸虽然工作不一样，本领不一样，但是相信我们的爸爸一定都像火狐狸的爸爸那样爱我们。无论他在哪里，无论他在做什么，他的心里始终都牵挂着我们。

（3）绘画交流，大胆表达对爸爸的爱。

教师提问：我们应该怎样去爱爸爸呢？

教师引导幼儿将爱爸爸的方式画下来并交流讨论。

教师小结：表达爱的方式有很多种，我们可以对爸爸说说心里话，可以用肢体语言去表达爱,也可以准备一个礼物送给爸爸,还可以为爸爸做一些力所能及的事情。

4. 电话连线——大声说出对爸爸的爱

(1)教师提问:如果你给爸爸打一个电话,你想对爸爸说什么?

(2)电话连线,把想说的话说给爸爸听。

(3)教师小结:每个人的爸爸都很伟大,也很爱我们。爱要大声说出来,把你心中的爱大胆地告诉爸爸!

附故事

好长好长的电话

火狐狸的爸爸是森林快递公司的总经理,工作非常繁忙,明天就是新年了,火狐狸的愿望就是爸爸能够回家,陪它一起过年。

妈妈在厨房做着丰盛的晚餐,火狐狸望着窗外,它又开始想爸爸了,于是,它拨通了爸爸的电话。

火狐狸对爸爸说:"爸爸,明天就过新年了,您能回家陪我和妈妈一起过年吗?"

"不行啊!孩子,爸爸太忙了!现在公司要寄送的新年礼物都堆成小山了,如果爸爸放假了,就没有人寄送新年礼物了。"

火狐狸对爸爸说:"爸爸,妈妈把饺子做好了。"

爸爸说:"是吗?那一定很香啊,真想现在就吃一口。"

妈妈又做了好多肉松和蛋卷,要开饭了,可是,火狐狸还是没挂掉电话。妈妈对火狐狸说:"快挂掉电话吧,孩子,爸爸很忙。"火狐狸说:"可是,我还没和爸爸说完呢。""我知道啊,可是,你已经打了好长好长的电话了。""好吧,爸爸,我必须挂掉电话了,可是,我还有好多好多的话想对你说。"火狐狸不得不挂了电话,但是火狐狸有点伤心。

叮咚……有人在摁门铃。

原来是森林快递公司的小马快递员,它是来给火狐狸送新年礼物的。"爸爸,我们收到您的礼物啦。"火狐狸冲着电话惊喜地叫道。"但愿你们能够喜欢,宝贝,这可是我从来没有接过的,一个好长好长的电话啊!"

大班音乐游戏"包饺子"

莱西市香港路小学幼儿园　林华华

教材分析

　　饺子是家庭餐桌上一种重要的食品,尤其是过年时全家一起包饺子的快乐场面会给孩子们留下深刻的印象。大班幼儿对于包饺子已经有基本的生活经验。而乐曲《喜洋洋》是一首带有民族韵味的乐曲,音乐欢快而活泼,ABA 三段体结构节奏鲜明,可以巧妙地与擀饺子皮、包饺子、煮饺子等过程结合起来,使幼儿在快乐的游戏中获得新经验。《幼儿园保育教育质量评估指南》中指出:幼儿艺术领域学习的关键在于充分创造条件和计划,引导幼儿学会用心灵去感受和发现美,用自己的方式去表现和创造美。因此,本次活动以音乐《喜洋洋》为背景,通过引导幼儿回忆已有的生活经验,大胆将韵律活动与"包饺子"游戏融为一体,引导幼儿在游戏中感受韵律,在韵律中玩游戏,使幼儿既能体验到游戏的快乐,又能充分感知不同的音乐情绪。

教学方法

　　1. 难点前置法,在欣赏中享受音乐游戏的快乐

　　游戏是幼儿的天性,在寓教于乐的游戏中获得新经验是最适合幼儿的学习方式。幼儿充分感知擀饺子皮、包饺子、煮饺子的音乐,体验欢快、舒缓的音乐性质。教师指导幼儿分段欣赏,逐一分析用哪种行为来表现不同性质的音乐更合适,巧妙地将"包饺子"游戏渗透其中。

　　2. 探索创造法,在创编动作中激发音乐表现力

　　《幼儿园保育教育质量评估指南》中提出:幼儿的学习是以直接经验为基础,在游戏和日常生活中进行的。在活动中,教师通过迁移幼儿已有的包饺子经验创编动作,循序渐进地丰富幼儿的经验,使其获得更多自主探索、自主表现包饺子的机会,不断提升幼儿感受音乐、创编包饺子动作的节奏感和美感。

3. 情境创设法,在同伴交往中体验游戏的愉悦

音乐是自我表达和人际交流的手段。《幼儿园保育教育质量评估指南》中强调:要经常让幼儿接触适宜的、各种形式的音乐作品,丰富幼儿对音乐的感受和体验。依据游戏中的"厨师"和"饺子",设置师生互动、生生互动的游戏情境,吸引幼儿在富有趣味性的游戏中乐此不疲地玩耍,使传统单一的音乐游戏活动变得生动活泼、富有情趣。

活动目标

(1)能随音乐合拍地、创造性地表现擀饺子皮、包饺子、饺子沸腾的动作(重点)。

(2)能按规则创造性地开展包饺子游戏,提高对音乐的听辨能力和反应能力(难点)。

(3)体验包饺子游戏带来的愉快情绪。

活动准备

(1)幼儿已有包饺子的知识经验。

(2)音乐《喜洋洋》、3 把特制的大小不同的漏勺、4 个呼啦圈、4 个厨师帽。

活动过程

1. 完整欣赏音乐

(1)播放完整音乐,幼儿初步感受音乐表现的愉悦情绪。

提问:听到音乐后有什么感受? 在什么时候经常听到这首曲子?

(2)鼓励幼儿根据已有经验,大胆自由创编擀饺子皮、包饺子、煮饺子过程的动作。

启发幼儿想象:将身体想象成面团、面板,表现面皮变大的过程;鼓励同伴之间互相合作表演包饺子。

2. 分段欣赏音乐

鼓励幼儿尝试用不同的动作创造性地表现音乐,体验愉快的活动情绪,为游戏开展奠定基础。

（1）欣赏 A 段音乐，引导幼儿自由、有节奏地创作擀饺子皮。

提问：你是怎样擀饺子皮的？

教师引导、鼓励幼儿创编不同的动作。

（2）欣赏 B 段音乐，鼓励幼儿尝试放馅、捏饺子的动作。

教师引导幼儿创编轻轻放饺子馅的动作。

提问：可以怎样放饺子馅？怎样捏紧饺子？

（3）欣赏 A 段音乐，重点引导幼儿创编饺子下锅后的动作。

提问：饺子下到锅里是什么样子的？饺子是怎样在锅里沸腾的？

3. 完整表现音乐

引导幼儿边听音乐边用创编的各种擀皮、捏紧、饺子沸腾等动作进行表现，进一步加深对音乐的理解，为开展游戏做好铺垫。

4. 玩游戏《包饺子》

提高对音乐的听辨能力和反应能力，感受"包饺子"游戏带来的乐趣。

（1）介绍游戏场地，教师当厨师，与幼儿共同玩第一遍游戏，引发幼儿的学习兴趣，初步掌握游戏玩法。

重点评价：幼儿创造性表现包饺子动作的情况。

强调游戏规则：被大漏勺碰到的"饺子"要停止游戏，到"盘子"里等待。

（2）教师与幼儿共同尝试第二遍游戏，提高幼儿应变能力。

重点评价能否按音乐节奏创编动作及遵守游戏规则情况。

探讨游戏规则："厨师"在捞"饺子"时不能进到"大锅"内，"饺子"不能跑到"大锅"外。

（3）交换角色，请两名小朋友当"厨师"，玩第三遍游戏，增加游戏难度。

重点评价幼儿对游戏规则的遵守情况，及时表扬创造性呈现擀、包、煮饺子动作的幼儿。

在愉快的音乐氛围中结束。

中班语言活动"大熊的拥抱节"

莱西市机关幼儿园　宋雪玲

活动目标

（1）理解故事内容,感受大熊孤独、难过和快乐、感动的情绪变化。丰富词汇:孤单、拥抱。

（2）大胆猜想故事情节,用完整、流畅的语言讲述自己的想法,学故事中的角色对话。

（3）懂得同伴间要友好相处,体验宽容带来的感动与幸福。

活动准备

（1）幼儿有拥抱的经验。

（2）故事的图片、PPT。

活动建议

1. 初步了解拥抱节的含义

提问:小朋友,你们听说过拥抱节吗? 拥抱节是一个什么样的节日? 在拥抱节里人们会做什么事情?

小结:拥抱节让我们感觉到幸福、快乐、温暖,森林城的拥抱节又是一个怎样的节日呢? 让我们一起来看看。

2. 分段讲述故事

大胆猜想故事情节,感受大熊由孤独、难过到快乐、感动的情绪变化。

（1）讲述故事第 1 段,猜想故事情节。

提问:森林城的拥抱节是什么样的? 大熊清晨早早出了门,它要去干什么? 你觉得他现在的心情怎么样? 你觉得这个目标会实现吗? 如果你过拥抱节,你想和多少人拥抱? 看来每个人心里都有一个目标,那大熊的目标实现了吗？我们一起来听听故事吧。

（2）结合课件讲述故事第2～7自然段，引导幼儿初步感受大熊的情感变化。

提问：大熊的心情怎么样？为什么？在这么幸福、快乐的节日里，大熊为什么没有得到拥抱呢？我们接着听故事。

（3）续讲第8段。

提问：小动物为什么不给大熊拥抱呢？猜猜小动物们会原谅大熊吗？

（4）结合课件讲述故事第9～17自然段，进一步引导幼儿感受朋友间互相宽容、相互珍惜的情谊。

讲故事至12段猜想情节，提问：小动物要去做什么呢？

讲至15段，提问：谁来了？他们来干什么？

讲故事结尾，提问：为什么它的眼泪越流越多？你觉得大熊此时的心情是怎样的？大熊做了对不起小动物的事情，为什么大家还要给他拥抱呢？

小结：动物们原谅了大熊，都去拥抱大熊。原来得到别人的原谅和关爱是一件非常幸福和令人感动的事，宽容地对待别人就会拥有更多的朋友，得到更多的拥抱。大熊不仅感到幸福、开心，它还在心里暗暗地对自己说：从明天起，让大家看到一个不一样的大熊。

3. 完整讲述故事

学角色进行对话，进一步感受大熊的情感变化，体验宽容带来的感动与幸福。

提问：大熊一共留了几次眼泪？两次的情况一样吗？大熊的拥抱心愿实现了吗？

小结：能够得到别人的宽容和原谅是非常幸福的事情。

4. 启发幼儿迁移生活经验

提问：生活中有没有人也像大熊一样做了对不起你的事情，你是怎么解决的？

小结：如果我们做了对不起别人的事情一定要及时改正，并及时弥补，尽快获得别人的原谅。宽容地对待别人，就会拥有更多的朋友，得到更多的拥抱。

5. 情感升华

你想过拥抱节吗？刚才我们都给自己定下了目标,我们一起去实现吧。鼓励幼儿互相拥抱,切身感受伙伴之间深深的情谊。

附故事

大熊的拥抱节

今天是森林城的拥抱节,和谁拥抱就表示愿意和谁做朋友。清晨,大熊早早就出了门。它给自己定了一个目标,要和 100 个朋友拥抱!

远远地,大熊看见袋鼠哥哥,连忙张开双臂:"袋鼠哥哥,你好! 我们拥抱吧?"袋鼠哥哥支吾着说:"嗯,我很忙。"说着,就跑了。

大熊尴尬地放下手臂,安慰自己说:"没关系,还有好多拥抱的机会呢。"

呀,前面一蹦一跳过来的不是漂亮的兔妹妹吗?大熊赶紧张开双臂:"亲爱的兔妹妹,你好! 我们拥抱吧?"兔妹妹停也不停,哼着歌儿过去了。

大熊愣了一下,生气地甩了甩手,说:"哼,真没礼貌!"

大熊再往前走,看见了红狐狸。大熊张开双臂说:"红狐狸弟弟,你好! 我们拥抱吧?"红狐狸却绕了过去,连个招呼也没打。

天快黑了,大熊没有拥抱到一个朋友,心里难过极了。

昨天,我把兔妹妹的萝卜全拔光了。我还老是揪袋鼠哥哥和红狐狸的尾巴。想到这里,大熊的眼泪一滴一滴落下来。

这时,小动物们手牵着手走过来,看见孤零零的大熊,都愣住了。大熊赶紧站起来,捂着脸跑回家了。

"我今天没有拥抱大熊。"兔妹妹说。

"大熊看上去很伤心呢!"袋鼠哥哥说。

小动物们你看看我,我看看你,都往大熊家走去。

天黑了,大熊晚饭也没吃,独自躺在床上想心事。

"笃笃笃!"是谁敲门?

大熊慢吞吞地走过去开门。门一开,大熊惊呆了!

小动物们在门前排起了长长的队伍,一个个张开双臂,说:"大熊,祝你拥抱节快乐! 我愿意做你的朋友!"大家一个接一个地拥抱了大熊。大熊的眼泪越来越多,比刚才没人拥抱它时还要多。"对不起!"大熊对所有的好朋友说。

月亮的银光柔柔地洒在森林城,洒在互相拥抱着的小动物们身上。这真是个令人难忘的拥抱节呀!

中班语言活动"会飞的爱"

莱西市香港路幼儿园　隋明秀

活动分析及理论依据

《会飞的爱》原是一个关于"爱"的故事,讲述了小花猫思念自己的奶奶,为了表达对奶奶的爱,要给奶奶邮寄一个"抱抱"的温暖过程。《幼儿园保育教育质量评估指南》中指出:语言可促进幼儿社会性发展,可帮助幼儿开展人际交往,建立良性的社会关系。现在的幼儿习惯于接受家人的爱,不会用多种方式表达爱。故事的主人公用最传统的通信方式——邮寄,让家人收到了爱,这让幼儿知道爱是可以传递的,是可以用动作来表达的。对于中班幼儿来说,培养良好的语言行为习惯非常重要,要结合情境让幼儿学会一些必要的交流礼节,在"会飞的爱"活动中通过创设传递爱的情境让幼儿掌握并学会运用。

教学实施策略

1. 采用有效提问——引导幼儿了解故事情节

提问是支持语言教学的有效手段,是教学中最直接、最常用的一种方式,充分利用开放性、启发性、挑战性的提问,在与幼儿互动交流中让其主动进行知识建构。

2. 运用多媒体课件——帮助幼儿理解故事内容

多媒体具有声画并茂、视听结合、感染力强的特点。利用这一特点,制作幼儿喜欢的生动有趣的课件,使幼儿如临其境,更好地激发幼儿的语言表达能力和良好的情感。

3. 再现生活掠影——促进幼儿社会经验提升

利用电子相册展示幼儿生活中与家人交流的美好瞬间,让幼儿在感受与欣赏的同时能用不同的方式表达出对家人的爱。

活动目标

(1)能了解传递"抱抱"的过程,理解故事内容(重点)。

(2)能用动作表现传递"抱抱"和"吻"的过程(难点)。

(3)了解更多表达爱的方式,感受爱的温暖。

活动准备

(1)多媒体课件。

(2)角色头饰。

(3)电子相册。

活动过程

1. 播放音乐,引发幼儿分享爱的经验

提问:你最爱谁? 你会用什么方式表达你对她／他的爱?

2. 教师分段讲述故事,帮助幼儿理解故事内容

(1)讲述故事第 1 段,帮助幼儿理解"抱抱"的含义。

讲述故事前提问:猜一猜,小花猫会送给奶奶什么礼物?

讲完第 1 段后提问:小花猫到底送了什么礼物给奶奶呢?

(2)讲述故事第 2、3、4 段,帮助幼儿了解邮寄"抱抱"的过程。

第 2 段讲述后提问:你们有什么办法可以帮助小花猫把大大的"抱抱"送到奶奶那里去?

第 3、4 段讲述后提问:小花猫是怎样邮寄"抱抱"的? 它对兔子先生怎么说的? 又是怎么做的? 谁来说一说、做一做?

(3)讲述故事第 5 段,帮助幼儿了解爱的传递。

提问:谁帮忙传递了"爱的抱抱"? 用什么方式传递的"抱抱"? 奶奶又

送给小花猫什么了？

小结：小动物们用互相"抱抱"接力的方式传递"爱的抱抱"。奶奶给了邮递员小鸭一个"吻"，请小鸭将"吻"寄给小猫。

3. 教师完整讲述故事，引导幼儿感受爱的传递过程

（1）播放课件，教师有感情地讲述故事。

提问："爱的抱抱"传递顺序是怎样的呢？　"香香的吻"又是怎样传回去的呢？

（2）玩情境游戏，幼儿大胆地表演故事。

请幼儿自选头饰扮演角色传递"爱的抱抱"，感受拥抱的温暖。

提问：刚才在传递"拥抱"和"吻"的时候，你心里有什么感觉？

小结：小朋友感受到了温暖和快乐，因为爱的传递让我们拥有了更多的爱。

4. 播放电子相册，让幼儿体会家人之间浓浓的爱意

播放幼儿和家人之间在一起抱抱的美好视频，引导幼儿感受家人的浓浓爱意和亲情。

提问：你和家人会用什么方式表达"爱"呢？我请爸爸妈妈记录了你们表达爱的美好瞬间，我们一起来看看吧！

小结：有爱要表达出来，让你身边更多爱你的人和你爱的人都感受到这份爱的温暖。

中班数学活动"游乐场真热闹"

莱西市机关幼儿园　田雪梅

设计思路

本次活动中根据中班幼儿的年龄特点，穿插游戏，充满趣味性，步步深入、环环相扣，让幼儿积极地参与活动。设计"游乐场真热闹"这一情境。采用游

戏激趣、探究操作、巩固练习这条主线,引导幼儿在观察、比较、操作中感受序数、运用序数、理解序数,进一步理解序数的含义和排序方法,培养幼儿的数学思维,激发幼儿对数学活动的兴趣。

实施策略

本次活动的重点是让幼儿理解 5 以内的序数,并能够从不同方向给物体排列次序。借助"逛游乐场"的游戏情境,激发幼儿的兴趣,并引导幼儿口头点数,知道有 5 只小动物。教师创设"坐小火车"的情境引导幼儿发现动物们的顺序,联系从左至右、从右至左的方向排序,进一步加深孩子们对 5 以内排序的认识。接着创设"捉迷藏"的游戏情境,通过播放每个小动物的音频的方式来向幼儿提问,充分调动幼儿的兴趣,找出小动物的位置,吸引幼儿积极主动地参与活动,回答老师的提问,进行从上到下的顺序练习。接下来,教师提供画有十字形格子和小动物信息提示的操作卡,请幼儿按照信息提示帮小动物找到格子,进一步帮助幼儿巩固从左到右或从右到左、从上到下或从下到上的排列顺序。接着,利用"丢沙包"的游戏环节,引导幼儿学会从上往下和从左往右两个方向确认位置。最后,创设"小动物坐摩天轮"的游戏情境,确认动物在圆形排列中的次序。伴随欢快的音乐,游戏环节结束。整节教育活动动起来、乐起来,使整个活动目标完成效果较好,不仅能激发幼儿对序数的兴趣,还能教会幼儿从不同方向为物品排序。

活动目标

(1)初步理解 5 以内序数的含义,会用点数的方法确定物体的排列次序。

(2)能使用序数词按从左到右或从右到左、从上到下或从下到上正确表述 5 以内物体的排列顺序。

(3)喜欢动手操作,体验小动物们在游乐场玩耍的快乐。

活动准备

画有十字形格子及小动物信息提示的操作卡(每人一份)。

活动过程

1. 创设"小动物去游乐场玩"情境

引导幼儿理解 1～5 的序数的含义。

① 出示小动物,请幼儿观察一共有几个小动物,说出从小鸡开始数,第2、第3、第4、第5分别是什么动物。

② 变换小动物的位置,请幼儿辨认其排列次序。提问:从小猫开始数,谁排在第5?

小结:要先确定起始点,再用点数的方法确定物体的排列次序。

2. 创设游戏情境

引导幼儿从上、下、左、右不同方向确认小动物的排列次序,用序数词正确表述。

(1)游戏"坐小火车",引导幼儿从左、右两个方向送小动物上车。

提问:从车头开始,按照箭头的方向从左往右数,第一节车厢在哪里? 小兔坐在第几节车厢?请幼儿说出小动物们分别在第几车厢。

(2)观察《小火箭》图片,引导幼儿根据音频提示,从上、下两个方向确认小动物的排列次序,用序数词正确表述。

提问:为什么从上往下数和从下往上数,小动物的排列次序不一样?

小结:方向不同,物体在序列中的次序也不同。

(3)幼儿动手操作。教师提供画有十字形格子和小动物信息提示的操作卡,请幼儿按照信息提示帮小动物找到格子,进一步帮助幼儿巩固从左到右或从右到左、从上到下或从下到上的排列顺序。

3. 请幼儿观察《丢沙包》图片

引导幼儿学会从上往下和从左往右两个方向确认位置。提问:小猫把沙包扔到了哪一个格子? 你是从哪个方向数的? 引导幼儿知道沙包在第2排的第2个格子里。继续引导幼儿探究并确定小猴将沙包扔在哪一个格子里。

小结:我们可以从上往下和从左往右两个方向确认沙包的位置。

4. 请幼儿观察《摩天轮》图片

确认动物在圆形排列中的次序。提问:从小鸡开始按照箭头的方向数,小兔排第几？如果从小猴开始按照箭头的方向数,排在第二的是谁？

小结:圆形排列时,也要先确定一个点,再按照箭头的方向,用点数的方法确定排列次序。

活动延伸:请幼儿按要求排队到户外玩"跳格子"游戏,进一步巩固5以内的序数。

大班科学活动"动物本领大"

莱西市滨河幼儿园 王 娟

活动分析

大班幼儿对动物充满喜爱和好奇,渴望了解动物更多的秘密。动物有保护自己的特殊本领,这些本领给人类许多启发。《幼儿园保育教育质量评估指南》指出,幼儿的科学学习是在探究具体实物和解决实际问题中,尝试发现事物间的异同和联系的过程。本活动顺应幼儿的探索需求,帮助幼儿归纳已有经验,与幼儿共同观察、寻找生活中的仿生现象,了解人类可以从动物的某些特征中获得启发,进行发明创造,感受仿生学给人类生活带来的便利,激发幼儿对科学产生兴趣和向往。

教学策略

1. 运用多媒体手段

活动中借助声情并茂、直观形象的多媒体课件、视频等多媒体教学资源,运用静态图片猜想、动态画面验证等方法,充分激发幼儿探索的兴趣,引发幼儿积极思考。

2. 有效的师幼互动

本活动精心设计了富有启发性的关键提问和简洁准确的小结,采用反问、追问等策略激发幼儿深入思考;引导幼儿通过观察、猜测、推理、判断、验证一步步得出结论,培养了幼儿良好的思维品质。通过鼓励性的评价语言,激发幼儿动手动脑,注意培养幼儿专注、认真等良好的学习品质。

活动目标

(1)知道动物会用保护色、拟态、盔甲、断肢、硬刺等保护自己,了解仿生学的含义。

(2)能与同伴交流、分享动物自我保护的本领,根据动物的本领大胆猜想与之相关的发明。

(3)对动物保护自己的奇特方法感到好奇,感受仿生学给人们生活带来的便利。

活动准备

(1)在活动前,教师与幼儿一起观察各种动物的特征,并调查动物的特殊本领,了解常见动物的自我保护方法。

(2)准备课件、竹蜻蜓、幼儿操作图片、记号笔等材料。

活动过程

1. 谈话交流——归纳动物的本领

观看动物视频导入。提问:你们在视频中看到了哪些动物?你们喜欢什么动物?它有什么本领?

小结:动物的本领可真神奇,有会飞的,有跑得快的,有能在水里游的……

2. 观察图片——了解动物自我保护的本领

(1)观察保护色图片。提问:你从图片中发现了哪些小动物?它藏在了哪里?你觉得它为什么藏在这里?

小结:在大自然中,有些动物为了隐蔽、保护自己以更好地生存,它们身体的颜色和周围环境的颜色一致,这就是动物的保护色。

(2)观察拟态图片,分组操作,寻找图片中隐藏的动物。

① 分组操作。操作要求:4人一组,1分钟计时,音乐响起开始寻找图片中的动物并用笔圈画出来,音乐结束后安静地返回座位。

② 操作交流。提问：你们找到了哪几种动物？在哪里找到的？这些动物容易被找到吗？为什么？

小结：枯叶蝶、竹节虫、兰花螳螂都利用身体的颜色、形状与环境相似的特点将自己隐藏起来，如果不仔细观察，还真找不到。这种自我保护的本领叫拟态。

（3）讨论交流，归纳动物保护自己的本领

① 出示乌龟、壁虎、刺猬等图片，提问：小动物除了用保护色保护自己，还有什么办法可以保护自己？

② 幼儿互相讨论交流。教师鼓励幼儿发现，并根据幼儿交流的内容，抓住关键经验梳理提升。

③ 经验梳理：动物保护自己的本领。

小结：在大自然中，无论是生活在水里的动物还是生活在陆地上的动物，无论是凶猛的大型动物还是温顺的小动物，都有保护自己的本领。不同的动物有不同的本领，有的动物有保护色，有的动物可以断肢再生，有的动物有坚硬的壳，这些本领和动物身上特殊的构造有关。

3. 猜测想象——进行推理分析

根据动物的本领大胆猜想与之相关的发明，了解仿生学的含义。

（1）出示图片，鼓励幼儿猜测这是根据什么动物设计的，并说出理由。

提问：这是什么？根据什么动物设计的？

小结：看到小鸟飞翔，人们发明了飞机；受到长颈鹿的外形结构特点的启发，人们发明了起重机。

（2）小组操作，将动物的本领与相应的发明一一对应，鼓励幼儿说明自己的理由。

小结：模仿蝙蝠的超声波，人们发明了雷达；根据萤火虫会发光的功能，人们发明了荧光衣；根据壳类动物保护自己的本领，人们发明了坦克。这种模仿生物系统的结构、功能进行发明的技术叫仿生学。

4. 谈话交流——感受仿生学给人们生活带来的便利

出示竹蜻蜓玩具，提问：这个玩具是根据什么动物发明的？

小结：我们的生活离不开动物，动物给我们很多的启发，给我们的生活带来了很多的便利,让我们过得更好、更快乐!

附教材

小班语言活动"小熊请客"

莱西市月湖小学幼儿园　王均香

活动目标

(1)理解故事内容,了解几种动物的食性(重点)。

(2)喜欢听故事,愿意模仿小动物对话(难点)。

(3)幼儿感受朋友友好相处的快乐。

活动准备

课件PPT、头饰、场景道具。

活动过程

1. 激发幼儿对故事的兴趣

结合图片,通过跟小熊打招呼激发幼儿兴趣。

提问:这是谁?它都准备了什么好吃的?猜一猜谁最爱吃这些食物?

小结:小熊准备了这么多食物,究竟谁要来呢?我们一起来听一听故事《小熊请客》吧。

2. 分段讲述故事

分段讲述,引导幼儿能够用声音、动作、表情等模仿,初步理解故事内容。

(1)讲至第 1 段,提问:第 1 位客人是谁?它是怎样打招呼的?小熊请小猫吃的什么?小熊是怎样说的呢?

(2)讲至第 2 段,提问:第 2 位客人是谁?它是怎样打招呼的?小熊请小狗吃的什么?它是怎样给客人送食物的?小熊是怎样说的呢?

(3)猜想第 3 段,提问:猜猜最后来做客的是谁?它会说什么?小熊请它吃的什么?小熊是怎样说的?

(4)讲至第 4 段,提问:3 个小客人吃饱了,它们对小熊说什么?

小结:小动物们做客的时候都能有礼貌的与主人打招呼,会说"你好""请""谢谢"等礼貌的话。

3. 深刻理解主题

完整欣赏故事后,提问:一共来了几位客人?它们分别是谁?它们喜欢吃什么?

小结:我们要向小动物那样,见面说"你好",朋友招待你要说"谢谢",分别时候要说"再见",做一个有礼貌的好孩子。

4. 分角色表演故事

鼓励幼儿分角色表演故事,感受与朋友相处的快乐。

小结:我们小朋友要像小动物一样有礼貌,做客时打招呼,双手接东西,并说"谢谢",离开时要说"再见",这样别人才会更喜欢你。

5. 延伸活动

玩表演游戏"小动物做客"。

附故事

小熊请客

今天，小熊请客，它准备了许多好吃的食物招待客人。

"喵喵喵"小猫来了，小猫说："小熊你好。"小熊说："小猫，我请你吃鱼。"小猫接过小熊手里的鱼，高兴地吃了起来。

"汪汪汪"小狗来了，小狗说："小熊你好。"小熊说："小狗，我请你吃骨头。"小狗接过小熊手里的骨头，高兴地吃了起来。

"笃笃笃"小兔子来了，小兔子说："小熊你好。"小熊说："小兔子，我请你吃胡萝卜。"小兔子接过小熊手里的胡萝卜，高兴地吃起来。

小猫、小狗、小兔子吃饱了，它们一起对小熊说："谢谢。"

大班语言活动"小桃仁"

莱西市沽河街道孙受中心幼儿园　张忠英

教材分析

"小桃仁"选自省编教材大班下学期主题活动"春天的聚会"。《3—6岁儿童学习与发展指南》中明确指出，要经常和幼儿一起看图书、讲故事，丰富其语言表达能力，进一步拓展学习经验。故事《小桃仁》以拟人化的手法，以小桃树生长为线索，展现了小桃仁发芽、长大，长成一棵小桃树的过程。故事中，春风、春雨、太阳光形象生动，说话的语气各有特点，春风的轻柔、春雨的清脆、太阳光的温暖与慈祥能充分激发幼儿的学习兴趣；春风、春雨、太阳光的无私帮助以及鸟儿、蝴蝶、桃树妈妈对小桃仁的爱等美好情感，能引起幼儿强烈的情感共鸣。孩子们在听故事、讲故事、演故事的过程中，能轻松感受植物生长的神奇变化，体验小桃仁努力成长的快乐心情。

教学策略

1. 为幼儿创设宽松的语言环境

《幼儿园保育教育质量评估指南》指出,应为幼儿创设自由、宽松的语言交往环境,鼓励和支持幼儿与成人、同伴交流,让幼儿想说、敢说、喜欢说并能得到积极回应。在活动中,教师出示教学课件,引导幼儿观察画面,大胆猜测小桃仁和春风、春雨、太阳光的对话及心情,让孩子用自己的语言来描述,为孩子们创设想说、敢说、喜欢说的氛围。在活动中,教师运用富有启发性的提问、鼓励性的回应与幼儿积极互动,让幼儿体验到语言交流的乐趣。

2. 运用多媒体演示法帮助幼儿理解故事内容

《幼儿园教育指导纲要(试行)》中指出:"教师要成为学习活动的支持者、合作者、引导者。"在活动中运用多媒体教学,符合幼儿爱看动画的特点。通过演示直观形象的课件,吸引幼儿的注意力,激发其学习兴趣和热情,帮助幼儿理解和记忆,使幼儿展开想象的翅膀,更好地理解小桃仁的生长过程。

3. 通过表演游戏丰富幼儿表现能力

故事中小桃仁和春风、春雨、太阳光的精彩对话是一个亮点,而能够生动表现故事对话是活动的难点。通过对故事对话的分析深化幼儿对作品的理解,鼓励幼儿通过学说对话表现角色的鲜明特点,帮助幼儿连接个人的经验与所学内容,通过游戏促进幼儿语言发展,使幼儿不断地获得学习的快乐,加深对学习内容的理解。

活动目标

(1)倾听并理解故事内容,知道谁帮助了小桃仁,了解小桃仁发芽的条件和过程。

(2)尝试用恰当的语气表现故事中的角色对话。

(3)感受小桃仁成长的快乐心情。

活动准备

(1)幼儿了解植物发芽的相关知识经验。

(2)《小桃仁》课件。

（3）桃核、桃仁适量。

（4）春风、春雨、太阳、老桃树、小桃树、小桃仁发芽过程的图片。

活动过程

1. 引导幼儿认知桃仁

教师出示桃核,提问:孩子们,看,老师手里拿的是什么? 桃核里面住着谁呢?

2. 出示图片

教师出示小桃仁埋在泥土里的图片,引发幼儿兴趣。

教师提问:小桃仁会在什么季节发芽? 它长大会成为什么?

引导幼儿结合已有经验讨论并讲述:小桃仁怎么才能长成一棵小桃树?

小结:春天是个万物复苏的美好季节,在小桃仁的生长过程中,会得到很多帮助。让我们一起来听故事《小桃仁》,了解小桃仁发芽时都得到了谁的帮助。

3. 完整讲述故事

老师完整讲述故事,幼儿初步理解故事内容。

教师提问:故事的名字是什么? 小桃仁都在谁的帮助下长成小桃树的?

4. 分段解读故事

教师结合课件,帮助幼儿理解小桃仁发芽的条件和过程,并能用恰当的语气表现故事中的角色对话。

（1）春风是怎么对小桃仁说的? 注意表现出春风和小桃仁的不同语气。

（2）春雨对小桃仁说了什么? 小桃仁就要看到自己的妈妈了,心情怎么样? 它是怎么做的? 小桃仁为什么要喝一大口水,使劲挺了挺身子? 引导幼儿学一学挺身子的动作,感受小桃仁想快点长大的欲望。

（3）太阳光是怎么对小桃仁说的? 它是用什么样的语气说的?

（4）小桃仁钻出地面后,看到什么样的美丽景色? 引导幼儿运用故事中的语言结合已有经验,用优美的词汇说出小桃仁钻出地面时看到的美丽春景。

5. 挖掘情感

学说小桃仁和桃树妈妈间的对话,体会小桃仁快乐自豪的心情及桃树妈妈对小桃仁的爱。

教师提问：小桃仁见到妈妈，它的心情怎么样？它们之间说了什么？小桃仁看到自己也长成小桃树了，它的心情怎么样？引导幼儿说出小桃仁骄傲、自豪的心情。

6. 角色体验

幼儿进行角色体验，让爱得到升华。

教师提问：小桃仁的生长都得到了谁的帮助？在小桃仁的成长过程中，它的心情是怎么样的？

小结：植物的生长离不开空气、阳光和水。小桃仁一开始埋在泥土里，后来在空气、阳光和水的帮助下，慢慢发芽，长成一棵小树，再过几年，就长成一棵大树。

7. 联系生活

引导幼儿联系生活，感受来自亲人和老师的关爱。

教师提问：在我们成长的过程中离不开谁的帮助？

小结：小朋友的成长离不开爸爸、妈妈、爷爷、奶奶的呵护，离不开老师和朋友的关爱。老师祝愿每一个小朋友都能快点长大，拥有快乐、幸福的人生。

活动延伸

请幼儿在阅读区继续阅读幼儿图书，并尝试分角色表演故事。

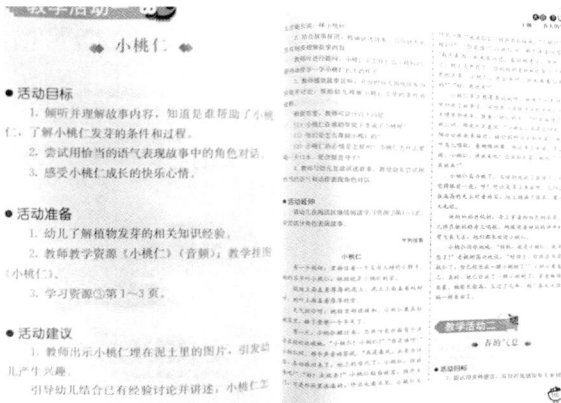

修身固本　扬帆远航
——优秀论文

建构积极、有效的师幼互动

莱西市机关幼儿园　程江月

师幼互动可以稳定幼儿的学习与生活秩序,提高保育与教育工作,实现幼儿园的教育功能。因此,提高师幼互动的质量,对推动幼儿教育的改革,促进幼儿身心健康和谐发展有着重要的现实意义。

一、转变角色意识,调整教育行为

在传统教育观念的影响下,教师大多把自己置于绝对权威的地位,是教育活动的"领导者、表演者";而幼儿则处于绝对服从的地位,在教育活动中只能当"听众、观众"。随着我国新一轮基础教育改革的开始,《幼儿园教育指导纲要(试行)》的执行,使幼儿园教育活动的内容、实施、评价、管理等方面较原来有了重大的创新和突破。它要求教师改变多年以来习以为常的教育方式、教育行为,重新认识和确定自己的角色。

1. 教师是观察者

教师应该是一位细心的观察者,去倾听幼儿谈论的中心话题,及时捕捉幼儿的兴趣热点,分析幼儿的探索需要,从而确立幼儿感兴趣的主题。观察时要有目的、有计划,在活动之前,想想我今天要观察什么;在活动之后,回顾我今天观察到了什么,有哪些要继续观察,有哪些要补充观察。例如,要了解个别幼儿的活动状况,要对新投放材料的适宜性进行检验,这样才能体现出观察活动的目的性和延续性,而不是停留在随意性的水平上。应该针对某一个幼儿或某一区域的内容进行仔细的观察,对每一个关键的环节都有清晰的了解。教师应该重点观察什么呢？教师作为一名观察者,主要观察儿童在幼儿园活动中遇到了哪些困难、他们是怎样解决困难的、他们需要什么帮助和材料、他们的对话等。教师不仅仅是用眼睛观察、用耳朵听听就行了,还需要将观察到的一些情况记录下来,活动后不断进行反思和讨论,帮助幼儿将幼儿园活动延续下去。

2. 教师是设计者

活动的成功与否与老师的设计有直接的关系,教师要从有利于幼儿广泛接触环境以及与周围世界充分互动的角度进行思考与选择。例如,在区角活动中提供什么性质的材料?什么时候提供最恰当?怎样利用户外活动场地进行有效的空间感受教学?什么性质的环境能够帮助幼儿更为清晰直观地表现自己的思考?

3. 教师是帮助者

教师对幼儿必要的支持与帮助是教育活动顺利进行的保证。幼儿主体性的发挥会受其发展水平、经验水平的影响和制约,而教师恰当的引导和帮助可以使幼儿的主体性发展到一个新的水平。

4. 教师是倾听者

倾听,在教师的工作中处于非常重要的位置。倾听、观察行为无疑能向孩子传达教师对他们的关注、重视、尊重和欣赏。

5. 教师是欣赏者

有一篇散文说得好,欣赏是一缕春风,染绿荒芜的山岗;欣赏是一抹阳光,催开迟开的花朵;欣赏是一盏明灯,为他人也为我们自己照亮前进的方向;欣赏是一种神奇的善良,它使人世间的很多平凡变成精彩;欣赏是一颗神奇的种子,它能在孩子稚嫩的心田结出丰硕的果实。恰到好处的欣赏,可以影响一个人的一生,甚至改变一个人的命运。

6. 教师是理解者

有一天吃午餐时,班里最小的孩子浩宇笑着把手中的一块蛋糕给了我,我以为他不喜欢吃,就丢进盆子里,忽然他大哭起来,我感到很慌张,问他原因,他只是哭,后来主班老师说,他是喜欢你,想把好东西给你吃。我恍然大悟,赶紧拣回蛋糕把他抱在怀里,津津有味地当着他的面把蛋糕吃完,他才开心地笑了。

二、创造宽松、自由互动氛围促进幼儿发展

1. 应保持幼儿主体性地位

"以教师为主导,以学生为主体"是一种科学的提法,它既科学地阐述了教师主导作用是"指导"的作用,但并非指教师是主体;又科学地指出了学生是教学活动的主体,强调教师的主导作用必须在"以学生为主体"的前提下实施,必须为实现学生的主体性发展服务。

2. 教师要积极关注幼儿,与幼儿进行有效的互动

(1)支持性互动:以"支持幼儿间的积极互动、消除幼儿间幼儿园活动障碍"为宗旨的互动方式,包括抚慰、赞赏、帮助、发展性评价、激趣、照顾、调解等。

(2)合作式互动:引导幼儿间合作共同完成幼儿园活动任务的互动方式,包括参与、协商、讨论等。

(3)引导式互动:教师对幼儿间的互动趋向与方式加以指导,以使之有效的互动方式,包括提醒、建议、启发、提问、示范、指导等。

(4)预成性互动与生成性互动兼顾:在集体教育幼儿园活动中,教师应在实施预成性互动的前提下,灵活地根据幼儿园活动中生成的需要发起或回应与幼儿的互动,以增强互动的有效性。

2. 因材施教,建立多元化的互动模式

教师要以"平视"的眼光看待幼儿,把幼儿作为一个独立的人来看。这种"平视"的眼光,也就是要真正地走进孩子的心灵世界,从孩子的视角去看待他们眼中的世界,去理解孩子。这种理解不仅要观察幼儿的某一个独立的行为,更要结合幼儿的个性特征及其所处的场景对他们的行为做出全面的认识;不仅包括对幼儿某一种行为客观原因的了解,还涉及对他们行为的理解。

3. 有效运用提问的方式

提问是一门科学,是一种教学艺术,是提高教学质量的有效手段,也是教学过程中的一个重要环节。好的提问能调动幼儿的学习积极性,发挥幼儿的思维、想象、创造力。"问题提得好,好像一颗石子投入平静的水面,能激起幼儿思维的浪花。"提问技能的提高是一个循序渐进的过程,只要在日常教学中不断对自己的教育行为和教育观念进行反思、分析,教师的提问技能就能不断地进

步和完善。

三、情感交流是促进师幼互动的重要因素

情感交流是一种心灵的交汇,人们只有在相互相信、尊重的基础上,才会向对方表达自己的想法,进行相互的交流。幼儿同教师之间更是如此。如果教师在幼儿心目中的印象只是严厉,那幼儿如何敢对教师表达心声,教师也就无法探知幼儿的心中所想,那又何谈师幼互动呢?因此,教师应在幼儿碰到困难时,给幼儿以鼓励,让幼儿始终有一种动力:我一定能行!在幼儿体验到成功时,给幼儿以表扬,让幼儿品尝到成功的乐趣。情感的互动可以让幼儿在爱的滋润下养成自尊、自爱、不怕困难、乐于探索的良好品质。

用爱的真情和智慧滋养心田

水集街道中心幼儿园　丁贝贝

《幼儿园保育教育质量评估指南》中指出,从小培养幼儿良好的生活与卫生习惯,其最终目标就是帮助幼儿逐步学习以健康的方式来生活,这对于幼儿的健康成长具有重要且深远的意义。幼儿生活自理能力的形成,有助于培养幼儿的责任感、自信心以及自己处理问题的能力,但现在大部分幼儿自理能力差,以致不能很好地适应新环境,所以在一日生活中培养幼儿的生活自理能力至关重要。

一、爱的真情浸润

1. 经常示范,明确要求

小班幼儿年龄较小,根据他们喜欢模仿以及更易接受直观形象的学习特点,我们会在每件事情上给幼儿做示范,如喝水、漱口、穿鞋、穿衣服、进餐等。在老师的正确示范、明确要求下,幼儿更易接受。

2. 反复练习,观察行为

为使幼儿熟练掌握技能,我们会在一日生活中有意识地创造条件让幼儿反复练习,抓住生活中每一个可以利用的机会,为幼儿提供学习、练习的途径。例如,每天安排小值日生帮助老师餐前、餐后擦桌子,在饭后提醒幼儿要怎样漱口,每次幼儿如厕洗手时老师都会提醒用"七步洗手法"洗手等。只有通过观察行为、反复练习才能帮助幼儿养成好的行为习惯。

3. 发现进步,鼓励成长

为了激发幼儿的学习兴趣,鼓励进步的幼儿,我们还经常开展一些自理能力比赛,在比赛中邀请家长代表参与活动,结束后评出优秀宝宝奖、加油宝宝奖等,激发与鼓励幼儿继续努力。

二、爱的智慧表现

1. 妙用趣味游戏法,促进幼儿好习惯的养成

在帮助幼儿养成好习惯的过程中,我们还经常利用一些小游戏。例如,天气渐渐转冷,孩子们的衣服也慢慢加厚,对于小班幼儿来说,穿厚厚的大外套是很大的挑战,很多孩子被"难倒"了。每天离园前衣架前一片混乱,有的孩子站在那儿等着老师过去帮忙,还有一小部分小男孩把衣服当成玩具,一会儿拿着当"披风",把衣服举到头顶在教室里跑来跑去,一会儿又拿着当"彩旗",用手抡呀转呀就是不穿。几位老师不但要急着给孩子挨个穿好衣服,还要时时关注那些跑来跑去的孩子,嘴里更要不停地说:"老师看看哪个小朋友最棒,今天能自己把衣服穿上?"可是不管说什么,他们该怎样还怎样。我想这样不行,孩子不仅没有学会穿衣服的本领,而且一小部分孩子还会借此机会"捣乱"。

今天,在准备穿衣服之前我先告诉所有的孩子们,要换一种方法穿衣服,就是"你帮我穿,我来帮你穿"。接着,让孩子们各自找到自己的衣服,再问一问"谁能先帮别的小朋友穿呀?"接下来的场面便很温馨啦,我发现孩子们在帮别人穿衣服时,反而很轻松就穿上了,有好几个小朋友帮别人穿好后,还会蹲下,又是拉拉链又是系扣子,很认真的样子。

像"你帮我穿,我帮你穿"这种穿衣小游戏,既锻炼了孩子们的动手能力,又锻炼了他们的交往能力,老师也不用因忙成一团而感到"头疼",何乐而不为

呢?

2. 常用儿歌朗诵法,帮助幼儿掌握生活技能

三岁幼儿思维的特点还是以直觉行动思维为主,他们的模仿性很强,儿歌内容具体、直观,朗朗上口,易读易懂。另一方面,儿歌内容有直接指导学习的作用。刚学穿、脱衣服对小班幼儿来说确实难度很大,如果直接向幼儿讲解,他们根本听不进去,而且会有厌烦枯燥的情绪。为了让幼儿尽快掌握穿、脱衣服的要领,我们运用许多简短有趣的儿歌。例如,穿衣服:抓领子,盖房子,小老鼠出洞子;脱衣服:缩缩头,拉出你的乌龟壳,缩缩手,拉出你的小袖口。通过这些朗朗上口的儿歌,幼儿会有兴趣地边说边做,逐步学会穿、脱衣服。

3. 巧用图片提示法,培养幼儿的常规意识

在一日生活中,我们还会借助图片提示幼儿,如《七步洗手法》《我爱喝水》《我会提裤子》《我会取餐》《我是小值日生》。前几天在洗手间拖地的时候,我发现小便池里小朋友的尿液特别黄。我想这肯定是有的孩子喝水量少,于是就用手机把几个小便池里不同颜色的尿液都拍了下来,在分享交流时让孩子们看了这几张照片,孩子们第一时间就发现了几张照片颜色的不同,有的深黄,有的浅黄,有的无色,而且还知道颜色黄是喝水少了。"那你们知道为什么小便黄要多喝水吗?"有的孩子这样说,有的孩子那样说,最后我和他们分享了多喝水对身体的好处,也与孩子们约定好,及时观察自己小便的颜色,健康饮水。

《幼儿园保育教育质量评估指南》中指出,习惯要从小培养,幼儿园阶段正是良好的行为与习惯养成的重要时期。幼儿需要从学习生活开始,为今后的独立生活打下基础。在幼儿园一日生活中教师借助这种图片观察的形式,帮助幼儿学会正确的洗手法,让幼儿观察自己的小便颜色,了解自己身体的缺水情况,知道多喝水对身体带来的好处,养成良好的饮水习惯,时刻关注自己的身体健康。

三、在爱的滋养中成长

幼儿良好习惯培养的关键——"渗透"和"坚持"。在幼儿园的一天,幼儿常能在老师的眼神、语言、行动中找到鼓励、关爱,受到鼓舞,对自己充满信心。师爱宛如春雨,无声地滋润着幼儿的心灵,潜移默化地让幼儿感受爱、学会爱,

幼儿在师爱的摇篮中长大,渐渐地也懂得去关心和爱护周围的人。在幼儿园的一日活动中,空余时间,老师与幼儿拉拉家常,说说自己的心里话,让幼儿爱的种子生根发芽。"今天谁帮你梳的头?真漂亮!""你交到了很多好朋友,真好!""宝宝你今天会自己穿衣服了,真棒!"……在闲谈的过程中还可以鼓励幼儿做一些为集体服务的事,一起排排桌子、收拾玩具和材料,说说自己的看法;当你生病感冒、头痛时,幼儿们会伸出他们的小手摸摸你,让你觉得好一点了……所有这些,都自然地增进了双方的感情。幼儿的懂事让我感到了欣慰,真挚的爱通过这些柔嫩的小手传到了我的心中。我由衷地欣慰:孩子不仅感受到了老师的爱,而且能做出回应了!同时,我们可以激励幼儿去表达"爱",并为幼儿创设表现的机会。幼儿与小动物似乎有种与生俱来的感情,我们可以鼓励幼儿饲养金鱼、小兔、小狗、小鸭等,他们一定会为如何养好小动物而积极出点子想办法。幼儿渐渐学会了去爱,这种爱的情感自然流露,有利于幼儿表达自己的爱,更能接受爱,并能在爱的滋养下茁壮成长。爱是有辐射性的,幼儿在主动表达爱的过程中,不知不觉地学会了思考、关心、行动。

良好生活习惯的培养是一个长期的过程,它始终贯穿幼儿一日生活的各个环节。"父母之爱子,则为之计深远。"作为老师,我们应该去培养孩子的好习惯和各种能力,为孩子将来打下良好的基础。在操作的过程中难免会出现各种问题,别担心孩子做不好,我们要耐心、细致的引导。做一片绿叶、一丝春风、一缕阳光,把温暖和爱带给最可爱的孩子们!用爱的真情和智慧滋养孩子们的心田!

幼儿园教育和家庭教育有效结合的路径探析

莱西市香港路幼儿园　李　娟

经济教育的增长普及,使得我国当前的教育越来越倾向低龄化,在传统的幼儿园教育中,很多幼儿园都没有意识到幼儿的健康教育以及全面发展的重要性,使得整体的保育水平具有一定的局限性和形式化。国家提出的新课改要求教育行业需要对当前的保育水平作出整改,特别是幼儿园,幼儿园保育水平和家庭教育要有效地整合,从而探索新的发展方向。本文针对当前的幼儿园保育水平进行了具体的分析,首先阐述了当前家园合作的现状,然后具体提出了幼儿园保育水平和家庭教育的有效结合途径。

前言

自改革开放以来,我国的教育在一定的时间内一直是应试教育,这种教学方式在一定程度上限制了幼儿的全面发展。从当前的幼儿园教学来看,家长的教育与学校保育水平都十分重要,但是有的家长和教师并没有认识到两者结合的重要性,而是单方面的强调其中一种教育,这就使得幼儿无法在这种单方教学环境下健康成长。所以,本部分针对当前幼儿园与家庭教育结合的现状提出了关于两者有效结合的具体措施。

一、家园合作的现状分析

(一)幼儿园教育和家庭教育的教育观念存在差异性

从当前幼儿园的教学来看,在幼儿园的保育水平与家庭的教育是不太一样的。作为老师和家长,双方的心态完全不一样,这种现象在整个社会中十分常见。不过,虽然能够站在双方的角度去理解理念的不同,但是在实际的教学中,这种带有冲突的教育方式甚至还会导致家长对幼儿园工作的不理解。国家提出了新课改以后,很多院校积极响应,幼儿园也开始注意到幼儿多方面发展的重要性。在具体的保育工作中,通常的教育方式是以轻松的游戏为主,让幼儿能够在自由的环境中发展自己,通过简单的小游戏拓宽幼儿的思维能力。但是,很多家长还秉承着传统的思想,认为幼儿就应该好好学习,从而能够为将来的义务教育奠定良好的基础。家长没有意识到素质教育的重要性,这就使得最终的教育效果不理想。

(二)家园双方地位不平等,家长本身所带来的资源容易被忽略

一般来说,从教育的角度上来看,不管是幼儿园的教育还是家庭的教育,

都应该是为了提高幼儿的全面发展而进行的。但是从当前的教育现状来看,家庭教育与幼儿园的教育地位十分不平等,我们可以从两个不同角度进行分析。从一方面来看,很多情况下,家长和幼儿园都认为,把幼儿送到学校才是主要的教育,而家长只是根据一些学校的安排来进行活动,这种方式使得家长成了一种参与者。从另一方面来看,当前很多家长认为学校必须管好幼儿,所以出了事情就找学校的问题,这就使得很多学校的教育地位处于劣势。

这种家园双方地位的不平等现象虽然常见,但并不合理。这种现象会使得整体的保育效果大大降低,不符合当前的新课改要求。从家庭教育低于幼儿园教育地位的情况来看,很多家长十分被动,幼儿园普遍会开展多种多样的活动,积极地邀请家长参与。但是部分家长参与活动过于形式化,在家庭教育与学校教育的合作上并没有得到体现。从目前的实际活动中我们可以发现,很多家长在参与活动时,只是象征性地进行参与,对活动的热情不大,甚至有的家长因为工作繁忙无法到场,对幼儿的打击也十分大。不难看出,家长参与度、积极性都不高,很难发挥出家长在整个教育活动中的作用,这就使得家长的资源被严重浪费。

二、幼儿园教育和家庭教育的有效结合路径

(一)双方应注重教育观念的更新,站在幼儿的立场对待幼儿

对于幼儿的教育来说,必须按照新课改要求,帮助幼儿全面发展,以幼儿的发展为中心理念,围绕着健康成长发展的教育来展开工作。从心理学上来说,一般儿童都对新鲜事物十分好奇,能够通过简单的娱乐游戏学习到其中的知识。虽然当前来看,幼儿的年龄还比较小,存在一定的认知限制。但是从娱乐的角度切入,就能够有效地吸引幼儿兴趣,从而使得幼儿积极参与。所以,在教育中,学校不仅要转换自己的教育理念,还需要与家长进行充分的沟通,让家长也能够转变教育理念,站在幼儿的角度去思考幼儿的心理,从而能够更加合理对待幼儿的教育。例如,教师可以举办一个家庭和学校集体做饭的活动,让幼儿与家长一起去菜市场选购菜品,然后一起洗菜,家长和教师在旁边做菜。在整个过程中,教师和家长可以一起教育幼儿哪些蔬菜是有营养的等,让幼儿亲身经历做饭之后感受到食物的来之不易,就能够改善幼儿挑食、浪费粮食的

习惯。

（二）构建多元化的沟通渠道，让家园合作更充分

一般来说，家长和幼儿园是有一定的联系的，但是在传统的教学中，这种沟通并不紧密，家长和幼儿园在一定程度上有着较深的隔阂。所以，需要加强两者的合作意识，有效结合两者的教育方式，共同发展幼儿。例如，教师在教育之外，可以选择每天离园后或者周末开展一些线上或者线下的沟通，以平等身份与家长针对幼儿的情况进行良好的沟通。在整个过程中，教师需要活跃气氛，让大家尽量熟悉，提出进一步友好的合作。另外，教师还可以充分利用家长资源，让家长能够通过自己的工作特性参与学校的活动，如有的家长是消防员，就可以在学校开展一个消防知识宣传的活动，有的家长是科学家，可以带领幼儿参观科技馆等。

结语

幼儿的教育十分重要。在这个阶段，好的教育能够让幼儿健康、全面地发展，从而建立正确的价值观，完善知识认知。在实际的教育中，必须注重幼儿园教育与家庭教育的合作，充分利用幼儿园资源与家长资源，有针对性地解决幼儿园当前的保育存在的问题。

幼儿园音乐活动中音画舞有机结合教学策略研究

莱西市香港路小学幼儿园　林华华

在幼儿教育中，对幼儿进行美育的主阵地是音乐课堂。生动有趣的音乐活动能使幼儿在音乐的世界里欢唱，快乐地起舞。但音乐又是一门特殊的艺术，表现内容具有形象性特点，表现形式具有抽象性特点，如何在"难"的音乐和幼

稚的孩子之间架设一座桥梁,怎样将音乐的内涵教育与幼儿的成长发展联系起来呢?音画舞有机结合教学法的有效实施可以帮助实现以音乐为灵魂、图画和动作相结合的游戏方式,让幼儿充分感受音乐的流动、旋律的起伏、节奏的跳跃、音色的变化,并随时根据音乐的变化作出反应,学会听辨不同旋律、节奏、节拍、速度等音乐基本要素,从而增强幼儿的情感体验,学会用心灵去感受和发现美,用自己的方式表现和创造美。

一、理论依据

《3—6岁儿童学习与发展指南》指出:艺术是人类感受美、表现美和创造美的重要形式,幼儿艺术领域学习的关键在于充分创造条件和机会,在大自然和社会文化生活中萌发幼儿对美的感受和体验,丰富其想象力和创造力。

(一)关于音画舞有机结合对促进幼儿成长的研究

幼儿音乐教育对社会发展和儿童个体发展都具有十分重要的价值,音乐教育的根本目的是人的全面发展。奥尔夫提出自然的、机体的、能为每个人学会和体验的适合于儿童的"原本的音乐"。"原本的音乐"不只是单独聆听的音乐,是和动作、舞蹈、语言紧密结合在一起的,一种人们必须自己参与的音乐教育行为方式。奥尔夫认为"音乐来自动作,动作来自音乐",因此,基于"倾听自己""从内心出发""从玩和奏开始"的设计理念,他选择符合儿童天性的民歌、童谣、谚语,设计融合创作、欣赏、表演三位一体的音乐教育,促使儿童主动学习音乐,体现了初步的关注生命成长的幼儿园音乐教育思想。

(二)关于音乐教育中教学策略的研究

研究者许卓娅做了关于图画在理解音乐结构中作用的实验研究。量化的实验结果表明,图画的方式使用得当能够帮助幼儿对音乐结构的理解。她提出,应采用直观的、具体形象的画面来帮助理解抽象的音乐结构更适合于幼儿。随着《3—6岁儿童学习与发展指南》的颁发,儿童的学习与发展逐渐进入幼教实践工作者的视野,教师开始关注音乐教育中幼儿的自主学习,注意在音乐教学中给予幼儿感受、表达和体验的机会,激励幼儿自我超越并进行了多方面的尝试。

二、基本内涵

音画舞有机结合教学法是教师根据音乐活动内容和幼儿的特点,充分关注幼儿对音乐的体验活动,利用图画、动作相结合等手段把音乐直观、形象、富有趣味地表现出来,引导幼儿亲自尝试,眼、耳、手并用,锻炼其协调能力和模仿能力,培养其学习音乐的信心和兴趣,使幼儿在音乐学习体验与感受中快乐地成长。

三、基本模式

(一)营造音乐游戏氛围,多形式的导入

如果把一个成功的音乐活动比作一段乐章,那么精彩的导入就是乐章引人入胜的引子,精彩的导入很容易激发幼儿的学习兴趣,使幼儿迅速、主动地进入最佳学习状态,也是幼儿体验音乐和参与音乐活动的重要环节。我们可以运用贴近生活的谈话导入、直观形象的画面导入、妙趣横生的故事导入、锻炼思维的谜语导入、感受氛围的表演导入以及潜移默化的节奏导入等策略,让幼儿准确、形象地感知音乐活动内容。例如,学习新歌《我是草原小牧民》时,教师可以让幼儿观看蒙古大草原美丽的景色和草原人民丰富多彩的生活画面,幼儿会自然地感叹蒙古族精湛的乐器演奏与优美的舞蹈表演,从而产生学唱这首具有鲜明的蒙古族特色的新歌的兴趣。

(二)融入趣味故事,培养幼儿音乐兴趣

兴趣是行为的源泉和动机,也是幼儿能够开展一切学习活动的原动力,只有激发和培养幼儿对音乐的兴趣,才能够使他们快乐地学习音乐。所以,我们将音乐、歌曲所表现出的内容进行充分的改编与设计,变成一个充满童心、极具吸引力的趣味故事,并向幼儿进行生动的讲解,幼儿在听到趣味故事的过程中便会对其相关的音乐或者歌曲产生极大的兴趣与好奇心,从而更加主动地进行音乐、歌曲的深入学习,产生更加强烈的音乐感知。例如,在教授《小蜜蜂》这首歌曲时,为了培养幼儿的音乐兴趣,我为幼儿融入了趣味性的故事,故事内容为从前有只小蜜蜂,每天都忙忙碌碌地为花朵传粉、采集蜂蜜,突然有一天,小蜜蜂被抓走了,从此以后,花园的花再也没有开过,农民伯伯再也没有吃到过小

蜜蜂采集的蜂蜜。小朋友，你们见过蜜蜂吗？蜜蜂不仅能够为花朵传粉，还可以为人们采集蜂蜜，它是我们人类的好朋友，下面我们就一起学习一首表现小蜜蜂的歌曲吧。这样一来，通过融入趣味故事，有效培养了幼儿的音乐兴趣。在教授大班歌曲《小狗抬轿》时，我将歌词先改编成动听的故事，再生动、形象地讲述给幼儿听，让幼儿通过故事了解歌曲内容，掌握其中的感情色彩，并情不自禁地对歌曲产生浓厚的兴趣，从而调动幼儿学习的兴趣和积极性。

（三）有效运用图谱，增强直观效果

3—6岁儿童的思维方式主要是直观形象思维，如果只靠语言来传递信息，则会给幼儿以单调和枯燥的感觉。图谱是一种视觉符号，我们把图谱有效应用于音乐教学中，能为幼儿所理解和接受，学习兴趣能被充分调动起来。同时，借助图谱可以把音乐直观、形象、富有趣味地表现出来。在音乐欣赏《狮王进行曲》中，在音乐的开始部分，是小动物欢迎狮王的一段音乐，我们将这段音乐用粗细不同的竖线来表示，而且几声就用几条竖线，重音用粗线条，弱音用细线条，这样幼儿既了解音乐引子的变化，又能了解音乐中强、弱音的变化。在音乐速度很快的情况下，幼儿容易看清楚有几条线，说出几个乐句或者几小节。狮王走路的音乐用狮王的脚印来表示，狮王大吼的音乐用弧形锯齿表示，幼儿在音乐背景的烘托中，加上图谱的帮助就很容易联想到音乐表现的情景，帮助幼儿自主学习。

（四）开展游戏活动，充分实现快乐音乐

好动是幼儿的天性，游戏是符合幼儿身心发展特点的一种活动方式，所以，以游戏活动来开展音乐教学能够充分点燃幼儿的学习热情，实现幼儿的快乐学习。在小班音乐活动中，为了以动作与音乐相结合的方式促进幼儿听辨音乐能力的发展，我设计了两段对比鲜明的音乐，一段音乐轻巧、跳跃，另一段音乐缓慢、沉重。用故事的形式启发幼儿通过模仿小兔子的动作来感受第一段音乐，通过模仿狼的动作来感受第二段音乐。引导幼儿模仿小兔子的跳跃时，应注意音乐轻巧跳跃的节奏特点；在模仿大灰狼动作时，应注意音乐沉重缓慢的节奏特点，让幼儿在轻松愉快的游戏中较好地把握了音乐中不同节奏的特点。

（五）有效利用多媒体，提高幼儿的想象力

爱因斯坦曾说过"想象比知识更重要……想象是知识进化的源泉"，因此在音乐教学中，老师要合理利用互联网多媒体技术提高幼儿的想象力，促进幼儿的创造性思维和智力发育。例如，《春天来了》是一首表达春意的欢快的儿歌，教师在幼儿听完之后，问幼儿对于春天的印象，引导幼儿想象春天的美景，有的幼儿说"春天来了，河里的冰化了，河水又开始流动了"，有的幼儿说"春天来了，花草开始生长变绿了，有的还开花了"，有的幼儿说"春天来了，我换上薄衣服，又能蹦蹦跳跳了"，等等。幼儿将自己关于春天的印象和想象说完之后，教师通过多媒体向幼儿展示春天万物复苏、风和日丽、草长莺飞的美景，幼儿就会发现春天原来是这样的，有自己想象的东西，但又比想象的更美好更丰富。利用多媒体开展幼儿音乐教育，不但可以提高幼儿的审美，还可以锻炼幼儿的想象力和创造力，促进幼儿个性化成长。

（六）积极评价，发挥幼儿创造力

幼儿对音乐作品的理解和感知以及表达想法的方式，都与成人不一样，有着他们自己独特的感觉和方式。因而在幼儿时期及时有效地开展音乐教育活动，巧妙运用音画舞有机结合策略，注重发展幼儿的创造能力是势在必行的。在音乐欣赏活动"雪花飘"中，教师让幼儿扮演小雪花，随音乐舞动感受音乐的律动和优美，其中一个幼儿最后静静地躺到地上。教师问其原因，幼儿回答说"我这片小雪花落在地上，融进土里了"，这是一个多么美丽的想象。幼儿在音乐活动中所表现出来的都是心里最纯最真的东西，他们不会去考虑比例、考虑规则，不受任何思想约束，完全凭自己的想象和感觉来表达想法。因此，教师应该多站在幼儿的角度，用欣赏和发现的眼光来评价，保护幼儿的创造性，积极鼓励幼儿的主动创造行为。

四、操作要点

一堂好的幼儿音乐教育活动，一定会让幼儿在音乐实践活动过程中，在多种感官协调下获得审美感受，并创造出属于自己情感表达的音乐活动作品。

（一）依据幼儿特点开展音乐活动

幼儿园的音乐教学活动属于启蒙阶段的音乐教育，教师应当依据幼儿的生理和心理特点，多选取一些形象生动的教学内容，并采用灵活多样的教学形式，以此来激发幼儿的好奇心，培养他们学习音乐的兴趣。运用动静交替、情景交融等各种形象生动的方法，让幼儿在动、听、看、辨、唱的趣味实践中体验寻找音乐—感受音乐—理解音乐—鉴赏音乐—表现音乐的全过程。例如，在开展中班音乐活动"走路"中，可用儿歌朗读和打击乐象征小兔、小鹿、小鸭走路的声音，让幼儿很快掌握切分音的基本节奏。在"打电话"这一活动中，可运用扮演角色的形式来引发幼儿学习齐唱、分组唱的歌唱方法，让部分幼儿当打电话的娃娃，另一部分幼儿当接电话的娃娃，配上道具电话，幼儿很容易在感兴趣的氛围中学会此种歌唱方法。

（二）通过音画转换引导幼儿快乐想象

绘画是凝固的音乐，音乐是绘画的能力。活动中通过"音画转换"的方法，融合语言领域、美术活动等教学方法，帮助幼儿理解音乐。从与乐器、歌唱、表演的结合拓展到与绘画、手工相结合，增强了音乐活动的吸引力，更好地做到音乐教育形式的深入开发和拓展。在音乐欣赏《田园交响曲》中，采用"音画转换"的方法，先不急于告诉幼儿欣赏的主题，而是放录音让幼儿闭目想象，然后让他们"画音乐"，把听到和想到的东西画出来。幼儿丰富的想象总会给我们带来惊喜，因为自由想象是在对乐曲的感知和情感体验的基础上产生的，通过音画的转换不仅提高了幼儿的音乐感受力，而且能让幼儿情不自禁地借助画笔的翅膀飞翔，培养幼儿的创造力，使他们感受到音乐的神奇。

（三）把握图谱呈现的有效时机

在活动过程中，图谱呈现的时机不同所发挥的作用效果也不同。利用图谱的目的是使教师的教逐渐过渡到教师的不教，有效的图谱运用能够让教师"退位"，帮助幼儿自主学习。例如，《风儿找妈妈》中，一开始我整体呈现，先让幼儿看图谱，并根据图谱内容引导幼儿自己总结歌词，然后在幼儿记忆歌词的过程中，我逐渐拿掉幼儿学过的歌词图片，直到拿掉最后一张图片，但幼儿还能很自信地唱出歌词。我又通过幼儿唱出的歌词帮助幼儿理解其内容，让幼儿在不知不觉中体会到音乐的情感。

　　总之,教师在组织音乐教育活动中,不仅要懂得学科教学,更是资源的整合者,在整个活动中要带着自己的真情实感,真诚地与幼儿进行互动。教师要让幼儿感受到学习音乐的快乐,让他们真正地享受音乐,感受到情感在音乐课堂上的真实流动,提高他们的学习热情,从而推动幼儿艺术能力的发展。

主题背景下的区域材料投放

莱西市机关幼儿园　　宋雪玲

　　皮亚杰指出:认知既不发生于主体,也不发生于客体,而发生于主体与客体之间同化和顺应的相互作用之中。幼儿与生俱来的好奇心和探究兴趣使他们特别乐于摆弄和操作物体,同时幼儿的年龄特征决定了他们对世界的认识还是感性的、具体的、形象的,常常需要实物和动作的帮助。可以说,材料是幼儿学习的中介和桥梁。而区域活动是幼儿自由选择、自发探索、操作摆弄的自主活动,是通过环境创设、材料投放实现幼儿发展目标的一种课题模式。因此,区域活动中材料的投放是很重要的,它能吸引幼儿的注意力,让幼儿喜欢到区域中玩,能让幼儿在操作和学习中增长知识,获得情感的体验。

　　然而在班级区域材料的投放过程中,我们有时会不可避免地出现以下问题。

一、材料的投放以教师为主体

　　在幼儿园里,每个区域的布置、游戏的设计都是教师负责包办,过程中幼儿很少参加,从而忽视了幼儿在区域活动的主体地位。例如,在鸟这个主题活动中,收集鸟的材料时,教师自己一个人去收集各种图片。如果在这方面让幼儿参与,大家共同准备材料,每位幼儿带回一种与鸟相关的材料,这样材料可能比教师一个人准备的更多,又能提高幼儿参与活动的积极性。以教师为主的模式,使得幼儿活动空间小、活动时间少,幼儿参与活动的积极性就会减少,最终失去兴趣。材料也成了装饰品,放在那里无人问津,材料的教育价值最终没有得到实现。

二、区域活动与其他教育活动缺乏相应的联系

班级在设计和开展区域活动的过程中,有时没有很好挖掘和利用幼儿园其他教育活动中的教育和发展价值,没有将区域活动与幼儿一日活动中的其他教育环节有机地联系起来形成教育合力。将区域活动等同于让幼儿完全自由的游戏活动,材料的投放和区域的设置有时不能顾及近期开展的主题活动,使一些主题活动中需要在实际中操作和延伸的内容不能在区域中及时地体现,不利于教育的整体性原则。

例如,在"鸟是我们的好朋友"主题活动时,我们在美工区投放鸟的图片,幼儿自由粘贴绘画小鸟;语言区投放鸟的图片,幼儿认识各种鸟的知识,但在益智区中只有跳棋、迷宫等,欠缺有关鸟的游戏材料,幼儿认识鸟的知识在益智区得不到良好的实现。

教师对幼儿常规的要求,在区域活动中不落实。

例如,中班在常规上提出了培养幼儿友好相处、互相合作的要求,但在区域活动的建构游戏、创游游戏、表演游戏中,我们看到幼儿进区后都争着玩自己想玩的;在搭建汽车城与车库时,我们发现两个幼儿各在区域的一边搭建,没有很好地讨论合作,导致搭建的汽车城与车库是分开的。此类情况发生时,教师事前、事中、事后都没有意识到问题的严重性,没有对幼儿进行相应的引导。

三、材料的投放单一,层次感较弱,更新时间较长

有时我们发现孩子在玩过区域里的某些活动材料之后就很少再愿意去玩,如数字卡片,这种规则性较强的材料幼儿只能枯燥地摆弄,一旦完成任务后孩子们就不大喜欢了。另外,有的区域材料更新的时间较长,没有依据最近的教学内容或者主题活动等及时调整,不符合教学实际情况,如"秋天到了"主题区域,教师在益智区投放的秋天迷宫或拼图,到了冬天材料都没有更换。

为了避免以上问题影响幼儿区域活动的质量,教师不断反思、讨论、学习,

加深对区域活动的认识,共同制定了真正适合幼儿的区域活动——主题背景下的区域活动。

主题背景下的区域活动是指与主题密切相关,教师紧紧围绕主题目标,结合本班幼儿年龄特点、幼儿已有生活经验,为幼儿有目的地创设环境的活动。其主要是通过材料的提供让幼儿按照自己的想法和能力,以操作为主的方式进行个别化自主学习活动。活动材料作为幼儿开展区域活动的物质基础,是幼儿建构知识的依托。那么,教师如何在主题背景下投放适合中班幼儿年龄特征的活动材料呢? 在不断地探索研究中我总结了以下几点。

(一)教师根据主题设定区域材料

根据主题活动的内容,制定区域活动的计划目标,再根据区域活动的目标投放适合幼儿年龄特点、符合幼儿最近发展区的材料。教师在投放区域活动材料时要做到目标在前、材料在后,让材料有效地体现教育目标。我们必须明确每一种材料可能隐含的教育功能,有目的地投放在相应区域。例如,主题活动"多彩的秋天",我们在美工区提供纸杯、剪刀、蜡笔、水彩笔用来制作菊花,教师的示范作品和精心制作的步骤图,使幼儿自己模仿、探索制作菊花的剪法,即使遇到困难,也能尝试自己解决。在阅读区中,我们提供《我眼中的秋天》《秋天的果实》等绘本,幼儿自己搜集图书《走进秋天》《凉凉的秋天》。在建构区,教师有效地引导幼儿建构秋天的果园,添加一些拼插的水果、小草、大树等,也添加了一些昆虫玩具,幼儿可以自由搭建昆虫的家。益智区有教师制作的蔬菜、水果等材料,也有一些用蔬菜、水果制作的迷宫,激发了幼儿探索的兴趣。

(二)材料投放的低结构性

真正吸引孩子的是有趣多变、开放性操作的游戏材料。孩子们为什么会对积木百玩不厌? 为什么会对沙水情有独钟? 这是因为低结构材料可以给幼儿提供更多的想象空间。多变的材料组合方式,隐含着更多的未知,更能激发孩子的操作欲望,有助于培养幼儿思维的活跃度,让他们体验成功的乐趣,培养幼儿的自信心。例如,在"多彩的秋天"主题活动中,我们在美工区或科学区投放秋天的瓜果,幼儿可以利用这些材料装饰瓜娃娃、制作南瓜车等,充分发挥想象。幼儿在益智区可以将瓜果进行分类认识,也可以在科学区观察秋天瓜果的特征。在"交通工具作用大"的主题活动中，我们在科学区、建构区投放不同的积木，幼儿可以根据自己想象自由搭建汽车城或热闹的马路，也可以改变不同的坡度等探索汽车跑得快的秘密。当然，我们也投放一些常规性的材料，如一次性纸杯，引导幼儿玩垒高的游戏。在表演区，投放一些大小、长短不一的纱巾，供幼儿自由打扮等，这样既减轻了教师的工作量，又可以激发幼儿自主探索的兴趣，两全其美。材料投放的低结构性意味着幼儿游戏的高结构。

（三）区域材料投放的丰富性

材料投放的丰富性既可以保障幼儿有充足地创作空间和操作对象，又可以解决幼儿不知道玩什么的问题。例如，在"多彩的秋天"主题活动时，建构区除了投放各种形状的积木，还可以添加一些昆虫玩具，供幼儿搭建昆虫乐园；科学区可以投放各种秋天的蔬菜瓜果、昆虫及标本。材料种类丰富，既可以满足幼儿的创作需求，又可以满足不同能力的幼儿的操作需求。

（四）材料搜集中转变教师的观念，让幼儿成为主体

首先需要提高幼儿教师区域活动材料投放的意识。《幼儿园教师专业标准（试行）》中指出：要以幼儿为本，教师必须尊重幼儿的权益；要以幼儿为主体，充分调动和发挥幼儿的主动性；遵循幼儿身心发展的特点和保教活动规律，提供适合的教育，保障幼儿快乐健康成长。

区域活动材料放置的种类较多、数量较大、来源较广，教师个人的能力是有限的，我们可以让幼儿和家长共同参与材料的准备过程。让幼儿自己参与材料的准备过程，他们也是乐意的，而且会对自己所收集来的材料特别地珍惜与爱护，从中还可以培养幼儿的集体观念和合作意识。例如，在"多彩的秋天"主题材料搜集时，我们充分调动幼儿与家长的积极性，共同参与主题活动材料的搜集活动，鼓励家长带领孩子走进大自然，在探索秋天奥秘的同时感受秋天的美丽。通过家长的反馈，我们看到幼儿很愿意参与这种搜集活动，既搜集到了丰富的主题材料，又让幼儿切身体验到了秋天的多彩，真正实现了教育来源于生活，回归于生活。

综上所述，如果在每个主题活动选材投放时，每位老师都能做到以上几点，主题活动的目标会在轻松愉快的区域活动中实现，幼儿会在快乐的自由探

索中发展。在区域活动过程中,幼儿能够真正体验到"玩中学,学中玩",实现教育的真正含义。

大班主题背景下的结构游戏

莱西市香港路幼儿园　隋明秀　宫　悦

游戏是幼儿园最主要的活动形式之一,是幼儿根据自己的兴趣,自主选择积极探索的活动。而结构游戏是幼儿使用结构材料进行构造的游戏活动,它是深受幼儿喜爱的具有创造意义的活动,也是幼儿园普遍的游戏形式之一。《幼儿园保育教育质量评估指南》提出了"优化以活动、体验为特点"的新课程理念,即"教育内容和要求要融于生活游戏、学习等多种活动中"。因此,我们将结构游戏与主题活动相结合,探索大班主题背景下的结构游戏。

一、以主题为线索,确定建构内容

教师要想办法将教育目标巧妙地与建构区相结合,设计一系列与主题相关的建构活动,根据主题有计划、有目的地设计结构游戏的内容,这样能使结构游戏和主题活动的整合更加一致,目的更加明确。

在大班主题活动"我是中国人"中,小朋友前期收集天安门、长城、天坛等首都北京有特色的建筑图片。随后,我们利用多媒体来展示这些建筑的特色。在教师的引导下,幼儿发现天安门、故宫、颐和园这些建筑的顶和现在建筑的顶不同,我国古代匠师充分运用木结构的特点,创造了如鸟翼伸展的檐角和屋顶。大家一起讨论班里现有结构材料中,哪类最适合表现这种造型。瑞瑞很快就想到了可以用方形和扇形,扇形的尖角正好能体现古代建筑伸展的样式。幼儿又提出长城一个个烽火台可以用雪花片构建,因为雪花片可以接龙把一个个烽火台连接起来。有的幼儿还发现长城可以用废旧牛奶盒来制作。于是在建构区里,幼儿兴致盎然地搭建起"万里长城"。

二、以主题为载体,发挥幼儿自主性和创造性

结构游戏作为一种新的学习活动,通过丰富的活动环境给幼儿充分的自主权,让幼儿按自己的方式去探索、学习和发展。教师在活动中应充分尊重和信任幼儿,把幼儿作为独立个体来对待,让他们按自己喜欢的方式参与活动获得发展。

例如,在"你好,动物朋友"活动中,幼儿在结构区根据自己的能力和喜好利用各种建构材料来搭建动物。有的幼儿在"宝盒"里选择废旧纸盒来制作可爱的小狗、大熊猫,有的用雪花片搭建大象、鸭子、鸵鸟,有的用"智高乐"搭建马、长颈鹿。教师不强求幼儿利用统一的方式来建构动物,而是让幼儿自由选择。自主的学习方式提高了幼儿学习的主动性和积极性,使幼儿饶有兴趣地去主动学习。

三、以主题为基点,体现建构活动的灵活性

结构游戏作为一种新的教育活动,比传统的集体活动更为灵活。结构游戏与主题活动的有机融合打破了以传统知识为核心的课程理念,使幼儿与材料的互动呈现多视角、更持久的发展,教师在建构区域中更加关注教育活动的过程和细节。幼儿可在建构区中获得大量的经验积累,因其较大地提高了自主探索的空间。同时,教师要善于发现建构区中有价值的核心经验,在适当的时候通过集体活动帮助幼儿提升经验。

在"有用的植物"的主题活动中,教师引导幼儿构建各种好看的花,但只用积塑拼出花的模样显得有些单调,不能激发所有幼儿的兴趣。因此结合主题,我们从构建"小花园"生成"游乐场",因为游乐场里不但有花有草,更有各种幼儿感兴趣的活动器械,如转椅、飞船、摇椅、滑梯。幼儿对于这些有丰富的生活经验和快乐的体验,所以在构建作品的时候会更有兴趣。于是,男孩子在结构区开始搭建各种各样大小不同的飞机、汽车,女孩子构建游乐场里的各种花草。不久,建构区出现了一个漂亮、丰富的游乐场,游乐场里不但有各种有趣的活动器械,还有各种美丽的花园、喷水池。

教师在教学中要激发幼儿生成有趣的结构游戏主题,并在丰富多彩的日常生活中不断积累。幼儿要对日常生活中见到的建筑物和自然景观多加观察,增

加对建筑物造型等的认识，促进幼儿在结构游戏中顺利展开假想和创造。因此，教师要在日常教学中注重幼儿观察力的培养，引导幼儿注意观察事物的外形、材料、结构等。此外，可以通过运用多媒体课件、书籍、图片和实物等，有目的、有计划地引导幼儿观察、积累，增加体验，激发幼儿自主生成有趣的结构游戏主题。教师还要经常带领幼儿走进大自然，培养幼儿对自然景物的热爱之情。

四、结构游戏成为主题延伸的途径

瓦西里•苏霍姆林斯基曾经说过："孩子所有的活动都依赖于兴趣，没有兴趣就没有创造。"在结构材料的投放和组织的形式上形成一个变化的、适合幼儿年龄的新环境，更能引发幼儿的关注和兴趣。在幼儿对环境感兴趣的过程中，他们还会自己产生问题并引发别人的关注、兴趣和争论，从而推动活动的进程。在"我们的城市"的主题活动中，幼儿的兴趣从搭建"我们周围的房子"到搭建"世博会的建筑"再到"未来的建筑"。在一系列的建构活动中，幼儿对表现建筑的技法和兴趣在不断提高。

豪豪是个善于思考的小男孩，在主题游戏中他选择了两块长方形的积木作柱子，他一边很认真地搭建，一边仔细地看着设计图纸，口中还说着："再拿个长的。"于是搭了两层后，他选择了一块三角形的积木作为屋顶。不一会儿，他按照设计图纸搭建了三幢房子，基本上是以组合、排列的方式搭建的。其他幼儿仍然是自顾自地搭建，其中三个幼儿分别搭建出了设计图上的造型，而另一个幼儿搭建的房子基本上是一层楼高的房屋，以长方形纸板为屋顶。

设计图纸是结构区新添的选项，鼓励幼儿将自己想要搭建的房子用简笔画形式先设计出来，并根据自己的设计搭建"奇特的建筑"。相比起没有设计图纸的幼儿，豪豪搭建的高楼更有自己的特色与想法，也不会出现搭建过程中漫无目的的垒高等情况。

结构游戏作为主题背景下开展的一项活动，为幼儿的可持续发展提供了更广阔的空间和时间，幼儿的不同个性与能力在游戏中得以充分体现。同时，我们又能感觉到在游戏中幼儿是快乐的，他们的兴趣、潜力、自主性得到了充分的表达。主题背景下的建构活动的研究，是二期课改给我们带来的新的课题和挑战，需要我们不断总结经验并进行反思。在研究的过程中，教师要树立正确的教育观念,设置一个个适宜幼儿发展的台阶,让每个幼儿体验成功、感受快乐、获得发展。

劳动教育在幼儿园一日活动中的实践

莱西市机关幼儿园　田雪梅

2020年3月,中共中央、国务院印发的《关于全面加强新时代大中小学劳动教育的意见》提出:"劳动教育是中国特色社会主义教育制度的重要内容,要坚持立德树人,把劳动教育纳入人才培养全过程,贯穿家庭、学校、社会各方面,促进学生形成正确的世界观、人生观、价值观。"劳动教育已经成为新时代教育中不可或缺的一环。在幼儿园教育中,劳动教育应以幼儿的生活为基点,在一日生活中帮助幼儿树立劳动意识,体验劳动的快乐。

一、在角色游戏中开展劳动教育

在大班"菜鸟驿站"游戏中,孩子们联系生活中已有的收寄快递的经验,制作了图文并茂的区域牌,画出了简单的游戏规则,并将工作分为几个区域。接待区的工作人员有序接收快递,指导顾客填写快递单,计价,收费;仓库理货人员根据快递单上的内容将货品整理、码放到相应的出货区;快递员到自己负责派送的出货区取货,装到小三轮车上,点数、确认自己派送的货品总数后,骑车出去送货,每送出一件给自己的派送单上打个小星星,最后根据派送单上的小星星总数评选出当日的"速达星"。对于儿童,特别是年幼儿童,游戏就是一种"工作",是一种生活必需的经历或经验。将劳动渗透到角色游戏中,可以让幼儿通过角色扮演、情景模拟、生活再现,在与环境、材料、同伴的互动中,探索神奇的社会,体验职业工作的内容,培养爱劳动的积极态度。

二、在种植活动中开展劳动教育

大自然是幼儿进行探索活动的天然课堂,户外种植活动是幼儿亲近自然、感受植物生长、体验劳动、收获快乐直接有效的方式。因此，我园以"百草园"为载体，开展种植活动，为幼儿提供动手操作、长期观察、亲自料理的机会，帮助幼儿树立自觉的劳动意识。例如，师幼共同选定户外种植区，由幼儿商讨后将种植区划分为观赏植物种植区和蔬菜种植区，并由幼儿按照自己的意愿选择种植内容；教师协助幼儿正确使用劳动工具，指导幼儿合作完成翻土、播种、浇水、施肥、除虫、拔草等环节；提醒幼儿对植物的生长开展连续观察，并鼓励其用擅长的方式，如图画、符号、文字等形式记录，形成连续、系统的植物生长档案；在收获季节，邀请有种植经验的家长入园，在直观的实地示范中让家长和幼儿合作收获果实，体验丰收的快乐。种植活动能够较好地培养幼儿的观察力、持久力、责任心，帮助幼儿自觉树立劳动意识。

三、在食育活动中开展劳动教育

食育既是食物营养教育，也是良好饮食习惯、特色饮食文化的教育。教师可从生活中的饮食教育入手，挖掘劳动教育的素材。我园专门开设了"山水生活馆"，生活馆里电磁炉、烤箱、电饭煲等厨具一应俱全，各种调味品也准备妥当。教师可根据季节变化和日常活动开展相应的食育活动。例如，初春，师幼共同播种豌豆，悉心照料一个月后就能采摘到新鲜的豌豆苗，在教师的指导下，幼儿亲自制作清炒豌豆苗，便能品尝春天的味道；盛夏，西瓜是最好的消暑水果，幼儿合作洗西瓜、切西瓜，用小勺挖出西瓜瓤放入榨汁机中榨出西瓜汁，再倒上一点蜂蜜，就能制作出清甜的西瓜汁与同伴分享；中秋，幼儿剥出瓜子仁，调制好豆沙瓜子仁馅儿，和面、包馅后用磨具压成厚实的月饼，放进烤箱烤制就能做出油润的月饼；隆冬，教师提供豆浆制作流程图，幼儿亲历筛选、清洗、泡发、研磨、过滤、烹煮等过程，便能喝到香浓的豆浆。食育活动中的实践，不仅让幼儿参与了食物的制作过程，感受到食材的神奇，也学会了餐前餐后的自我服务，养成了自己的事情自己做、别人的事情帮着做的习惯，在轻松愉快的体验中学会劳动技能，培养劳动习惯。

四、在美工活动中开展劳动教育

创意美工坊是我园为幼儿提供的进行手工制作活动的公共空间，这里的材料丰富,有由幼儿园统一购置的卡纸、彩笔、水粉、彩色黏土、原木片等,有幼儿从家里带来的饮料瓶、纸盒、吸管等,更有教师带领幼儿捡拾的树叶、树枝等自然物。师幼一起将需要清洗的材料洗晒晾干后分门别类地摆放在架子上,原本杂乱的空间,经过整理后变得干净美观,这种视觉变化不仅能提升幼儿的审美情趣,也让幼儿更懂得珍惜自己的劳动成果。

美工坊中开展的诸多活动,都是对幼儿开展劳动教育的重要途径。例如,泥塑是中国传统的民间艺术,幼儿在参观民间艺术展时对泥人特别感兴趣。在了解了泥人的制作方法后,幼儿挑选工具,去菜园里挖泥土,带回美工坊开始制作泥人,和泥、搓圆、压扁组合、塑形,一件件稚拙的创意作品呈现眼前。教师对幼儿的创意给予正向、综合的评价,并提醒幼儿可以为作品布置一个展示台。幼儿立刻行动起来,有人找来一个扁长的纸箱子放在桌子上,有人找来淡黄色纱巾盖在纸箱上,有人小心翼翼地把泥人作品摆放在展示台上。接着,幼儿又分工整理工坊,有的拿抹布擦桌子,有的拿来扫帚把地上的泥屑扫干净。幼儿通过自己的劳动,不仅享受着制作、创想的乐趣,也通过合作布置展示台、主动整理活动材料、清扫活动区等,强化了劳动习惯。

实践证明,将幼儿劳动教育以游戏活动的形式开展,让游戏活动内容包含劳动,劳动内容渗透在游戏活动中,有利于在寓教于乐中为幼儿树立正确的劳动观念和劳动认知,激发幼儿的劳动情感,进而使幼儿养成热爱劳动、愿意劳动的习惯。

游戏法在美术活动中的运用

莱西市滨河幼儿园　王娟

一、研究背景

《幼儿园保育教育质量评估指南》指出:艺术教育的关键点在于"充分创造条件和机会",引领幼儿"感受和发现美、表现和创造美"。在以往的艺术活动中,教师更多地关注艺术知识的传授以及技能的培养,关注的是活动后的结果。这使得我们的艺术教育变成了一种艺术知识技能的传授和训练过程。毕加索曾说:"我能用很短的时间就画得像一位大师,但我要用一生去学习画得像一个儿童。"知识技能训练大大削弱了儿童的创造力。

游戏是艺术的初级形式,也是幼儿的基本活动,是符合学前儿童年龄特点的一种独特的活动形式。因此,根据《幼儿园保育教育质量评估指南》精神及幼儿的年龄特点,我们探讨了利用游戏方式来组织美术活动的方法,秉承让幼儿"享受美、体验美、表现美、创造美"的目标,让幼儿在色彩斑斓、想象奇异的图画世界里尽情展现对周围生活的认识与感悟,提高他们感受美、表现美、创造美的能力。

二、游戏教学法内涵

艺术活动是幼儿的游戏,是宣泄自己的情感体验。每一幅作品里都有他们要表达的含义,是个性化的活动,不带任何的功利目的。儿童艺术创作能力的发展表现出其个性心理综合能力水平的发展,教师根据其发展线索,在幼儿艺术活动的过程中适机、适时地做好支持者、鼓励者、合作者和引导者,使幼儿的兴趣、能力、个性获得发展。

艺术活动教学的游戏化,关键在于教师应具备正确的儿童观、教育观,精心设计教学方法,善于选择一种符合幼儿教育规律、符合幼儿身心发展水平的教学方法去指导他们,为幼儿创造良好的绘画氛围,使幼儿学会感受美、欣赏美、表现美,让幼儿在游戏活动中通过看看、想想、说说、画画获得成功的满足感。

三、游戏教学法的基本模式

根据幼儿在绘画活动中的行为表现,我们探寻出一条幼儿喜爱的教与学的道路,创建了以幼儿为主体的"游戏教学法",其基本模式如下。

丰富多样的美术材料,为幼儿丰富活动兴趣。"只有想不到的,没有用不上的。"教师在创造性地解读美术活动的涵义的基础上,从幼儿的生活、探索和发现中寻找各种材料,激发幼儿参与活动的兴趣,使幼儿体验丰富的生活材料所带来的快乐。我们为幼儿准备丰富的绘画工具,除了传统的纸、笔、油画棒、颜料等,还为幼儿提供了各类生活用品、农作物等,用于自创作品。当幼儿在操作时,他们运用各种感官探索材料的性质,选择不同的方法使用,促进了幼儿创造性的发展。在具体操作中,让幼儿自己制定计划,让幼儿始终处于开放、自由的状态进行创作活动,充分激发了幼儿的创作欲望。

多种美术表现形式,为幼儿提供探索空间。根据幼儿的年龄特点和兴趣,我们开辟了60多种作品表现形式,有水墨转印画、拓印想象画、葫芦瓢畅想画、碗盘瓶子装饰画、石头绘画、皮鞋画、腻子画、浆糊画、纸浆画、名字想象画、借形想象画、人体造型想象画、托色借形想象画等。幼儿的所见所闻都通过绘画方式表现出来,体现了他们的思维过程、认知水平、情感状态等个性特征。幼儿用不同的绘画形式来表现美、诠释美、创造美。

开设各种展示平台,为幼儿搭建表现舞台。首先是极致的空间利用,各班级安装窗帘轨道、配足无色吊线,一幅幅精美的作品垂落下来,形成了错落有致的挂件,室内的立体感顿生。不仅如此,走廊、楼梯、过道……每一个可利用的角落,都被孩子的作品充斥着,真可谓"处处有景致,时时有惊喜"。其次是极致的材料展示,牛皮纸展示、折叠看板展示、气球展示、文化衫展示等将幼儿天真烂漫的本性淋漓尽致地展现。

观察写生构思操作,为幼儿提供宽松氛围。著名美学家朱光潜曾说:"有一双慧眼看世界,整个世界的动态便成了他的诗、他的画、他的戏剧,让他的性情在其中怡养。"为此,我们在为幼儿提供丰富的物质材料,创设了宽松、自由的活动氛围。我们将单调的室内绘画活动转移到户外,幼儿在开放性的环境中观察、思考、想象、创作,从而诱发艺术直觉和创造潜能。幼儿在大自然中扩展思维的广度,获得审美愉悦的机会,提高了绘画技能,提升了审美概念。在这里,幼儿领略着艺术创作的无限魅力,参与艺术的兴趣和热情不断激发。

活动内容生活化,支持鼓励幼儿大胆表现。"艺术来源于生活。"幼儿美术活动也是如此。因幼儿受认知发展水平的限制,生活经验较少,他们熟悉的大多是日常生活中经常接触的人、物、场景。如果教师选择的活动内容远离幼儿生活,幼儿没有生活的观察、感知,又何谈表现与创造?这样只能使幼儿在无所适从、空洞表现的同时丧失对美术活动的兴趣和信心。因此,教师在选择活动内容时要做到"生活化"。例如,组织幼儿观察院内的柳树,当幼儿发现柳树的枝条和叶子都是弯弯曲曲的时候,"像我妈妈的头发""和我妈妈的头发一样,也是弯弯的"……一个关于妈妈头发的话题由此产生。有了前期的积淀,在接下来的美术活动"妈妈的头发"中,孩子们的发挥都很出色。

活动过程游戏化,引导幼儿体验艺术创作的乐趣。幼儿的思维尚处于直觉行动阶段,他们喜欢说说、唱唱、跳跳、做做,通过音乐游戏、体育游戏、语言游戏、表演游戏等介入,借助游戏情节将美术活动的目的、内容与游戏巧妙结合,使幼儿体验到乐趣,他们便会积极地投入其中。例如,在"织渔网"活动中,教师和幼儿一起边念儿歌边运用弹珠带着颜料滚动,在纸上留下一条条线,由一条条的线组成一张渔网,幼儿在游戏的过程中完成了一幅图画,在取、放弹珠的过程中认识了颜色,又动了手指,感受到游戏的乐趣。

作品评价故事化,帮助每一个幼儿体验成功的喜悦。苏霍姆林斯基曾精辟地指出:"你任何时候也不要急于给学生打不及格的分数,请记住,成功的欢乐是一种巨大的力量,它可以促进学生好好学习的愿望。"无论采用什么标准对幼儿美术作品的评价,其出发点都应适宜幼儿的发展,这种发展既有幼儿在身心方面的发展,又有幼儿在美术方面的发展。幼儿的身心发展与成长可以通过美术作品体现出来。幼儿美术作品是幼儿智慧成长的结晶,幼儿通过美术创作把自己脑海中的意象、心绪以及对周围事物的认识表达出来。可以说,幼儿美术作品是幼儿的自我表现,在作品中,幼儿表现了思想、感情、兴趣和对外部世界的认识。

德国教育家第斯多惠说:"教学的艺术不在于传授的本领,而在于激励、唤醒和鼓舞。"幼儿美术创作表达的是幼儿自我的思想情绪,属于最原始的思维,这种思维唯幼儿独有。因此,教师对幼儿创作进行评价的,要顺应幼儿的思维,尊重幼儿的想法。鼓励或帮助幼儿将作品编出有趣的故事,向同伴、老师、家长进行介绍。在评价的过程中,教师或家长应给予尊重和理解,不应站在成人的角度,单纯以"像不像""对不对"或画面是否干净、比例是否适当、涂色是否均匀等技能的尺度为衡量标准,而应更多关注幼儿作品中的想象力、创造性、独特性和表现力等因素,并引导幼儿发现每一位小朋友作品中好的表现方法,学着接纳和欣赏同伴。

四、产生的影响和取得的成果

运用游戏的方式组织美术活动,幼儿能够在艺术活动过程中与教师进行有效的师幼互动。我们看到孩子放飞自己的想象、展开创造的翅膀,大胆地把各种奇思妙想落在了纸上。幼儿的行为也发生了变化,有的从老师不示范自己就不敢画到自己画世界,有的从坚持画不了一会儿到一次次向老师要纸画第二张、第三张,有的从画乱线来代表自己的想象到"自己想得出来就画得出来"。画纸记录下他们童心流露出的善良和美丽——幼儿从画出"眼中的世界"到画出"心中的世界"。每个幼儿从敢画、爱画,到会用画画的形式表达自己的心声,其审美与创造能力得到了发展。

艺术特色活动的开展,使瑞吉欧教育理念再次在幼儿园得到体现,教师的文化底蕴再次得到提升。幼儿在愉快、充实、自主有序中得到发展,艺术品位也得到了进一步提升。

架起幼小汉语课程衔接的桥梁

莱西市月湖小学幼儿园　　王均香

幼小衔接问题广泛涉及家庭、教育机构,并直接关系儿童的健康成长。《幼儿园工作规程(试行)》第二十九条明确指出:幼儿园与小学应密切衔接,互相配合,注意两个阶段教育的相互衔接。《幼儿园教育指导纲要(试行)》总则第三条中明确规定:幼儿园应与小学相互衔接。1990 年至 1994 年间,联合国儿童基金会和中国教育部联合进行了幼儿园与小学衔接的研究。可见,幼儿园与小学教育的衔接已受到相当的重视。

面对所有基础课程的改革,汉语——中国文化和传统的表征符号和识别系统,在幼儿园与小学的衔接中成为许多教育者关心与思考的焦点。幼儿园的语言教育不同于小学语文教育,《幼儿园教育指导纲要(试行)》明确提出了重视儿童语言运用的要求,而小学语文课程强调听、说、读、写的基本能力,积累语文基础知识。根据它们各自的特点,如何架起幼儿园语言课程到小学语文课程的桥梁,使孩子们升入小学后尽快地适应一年级的语文学习生活呢?为此,我们进行了一系列的探索。

一、目前存在的问题

有些幼儿园为了做好从幼儿园语言到小学语文教学的衔接工作,过多的量化教学目标,小学化倾向极为严重,在语言教学上,教师重上课、重书写。例如,必须书写 800 个生字、背诵 50 首古诗、拼音全学会等,而忽视了幼儿观察、创造性思维、综合表达能力的培养。有的幼儿园为解决一年级难以完成语文教学计划的问题,提前使用小学语文教材,以"小学化"为代价来使幼儿被动地适应一年级的语文学习生活,使幼儿潜在的智能没有得到应有的发展,严重影响了幼儿小学学习乃至终生的学习。

二、搞好三方面能力的衔接

有研究表明,儿童一年级如何处理面临的问题,将对他们以后适应学校生活产生长期而重大的影响,因此幼儿园语言课程与小学语文课程的衔接,必须充分关注两个学习阶段的差异,体现新的课程衔接理念——语言能力是在运用的过程中发展起来的。因此,我们在幼小衔接中重视引导幼儿注意倾听对方讲话,鼓励幼儿乐于与他人交谈、讲话礼貌,引导幼儿能清楚地说出自己想说的事情,不断提高幼儿的口语交际能力;引导幼儿喜欢听故事、看图书,能听懂和会说普通话。具体做好以下三方面能力的衔接。

(一)做好口语交际能力的衔接。

我们认为,口语交际能力包括倾听能力、表达能力等。幼儿口语交际发展水平对他们日后社会能力的发展至关重要,我们需要通过日常交流和组织语言活动,帮助幼儿在听和说的过程中扩展口语词汇量,同时学到一些比较复杂的词汇,增加幼儿口语表达的丰富性,从而促进幼儿发展。

1. 学会倾听

倾听是儿童感知和理解语言的行为表现,是获取信息、吸纳知识的重要渠道,也是个体了解他人思想、情感的重要途径。在学前儿童语言学习和发展中,倾听是不可缺少的一种行为能力。倾听行为的培养直接影响幼儿在人际交往时对语言的理解水平,同时也影响了幼儿其他语言能力的发展。幼儿从幼儿园学习转入小学学习后,正规的课堂教育取代了以前的游戏活动,学习方法上也由过去的游戏法过渡到相对静止的倾听上。倾听开始成为幼儿获取知识的重要途径。因此在幼儿园中,我们必须为幼儿提供真实而丰富的语言运用情景,让幼儿学习如何倾听他人的语言,把倾听的学习寓于多种活动之中。

运用幼儿文学作品让幼儿"善于听"。每天拿出一定的时间倾听、欣赏、理解一定数量的文学作品,给幼儿规范的语言熏陶,培养幼儿良好的倾听习惯,所选的文学作品既应考虑故事、童话、诗歌、散文、谜语等多种题材,又应考虑内容情节、词汇、句式的趣味性等。通过欣赏,引导幼儿逐渐学会安静、独立的倾听;并且侧重理解和使用叙事性的语言表达方式,使幼儿能抓住说话内容、故事内容的重点。通过欣赏经典的儿童文学作品,幼儿逐渐学会听讲,潜移默化地增强了对语言的感受和理解能力,为幼儿口头语言表达能力的发展提供了良好基础。

运用生动形象的表演手段让幼儿"听得懂"。我们通过各种各样的角色表演、系列表演、木偶剧表演等活动,不断丰富幼儿词汇,提高幼儿对语言的理解水平,使幼儿"听得懂"。例如,在欣赏《金鸡冠的公鸡》时,我们采用操作表演的方式,准备足够的道具,让孩子们通过视、听两方面感知动作、语音和含义,听懂角色所表达的含义。

运用多种方法让幼儿"乐意听"。"乐意听"是倾听的基础,幼儿只有"乐意"倾听别人讲话,才能了解别人讲话的内容以及所要表达的含义。例如,我们设计的传接电话游戏,在老师的引导下,各组幼儿分别排成一长队,每队成员相互传接内容相同的悄悄话,在"接电话"中,如果没认真倾听别人的传话内容,自己就会在"传电话"过程中,传给别人错误的信息,幼儿非常愿意玩这个游戏,乐意倾听,并且听得很认真,生怕听错、漏听一个字。在相互传接电话的过程中,幼儿不仅提高了参与的积极性,更学会了仔细倾听别人讲话。

通过倾听能力的训练,大班幼儿普遍学会了倾听,具备了上课认真、仔细听讲的良好习惯,能仔细倾听教师交代的任务和讲解的规则,能按口令行动,进入小学后,由于幼儿具备良好的倾听习惯,违规现象明显减少。良好的倾听习惯为幼儿的终身发展奠定了坚实的基础。

2. 学会表达

口语表达是人们相互交流、交往的基本方法和途径。学前阶段是儿童口头语言发展的关键期。因此，从小培养良好的口语表达能力，对幼儿至关重要。很多农村幼儿在入幼儿园前不说普通话，上幼儿园后能在教师引导下坚持说普通话。但是，离园后，幼儿生活环境还是以方言为主。根据幼儿生活环境中缺乏有益的语言影响这一情况，我们采取了一定的措施，创设自由宽松的语言交往环境，支持、鼓励、吸引幼儿进行口语表达。

首先，幼儿园与家长相互配合，创设一个听、说普通话的环境，使幼儿在日常生活中坚持说普通话。鼓励家长在日常生活中和孩子说普通话。创设一定的情景，激发幼儿兴趣，引起幼儿交流的欲望。例如，在三八妇女节期间，我们组织"感谢妈妈"的主题活动，引导幼儿回忆，再现生活中的情景，让幼儿充分表达自己的情感、看法，教师适时地从态度是否积极、声音是否响亮、语句是否连贯等方面略作评价，鼓励幼儿养成先想后说的习惯。再如，创设"小小新闻台""天气预报台"，鼓励幼儿用普通话讲述自己感兴趣的事情以及见闻。幼儿园和家长给幼儿提供每天学习、运用语言的机会，使其体验语言交流的乐趣。鼓励幼儿大胆地创编故事，表达自己的想象，使幼儿口语表达能力逐渐提高。

其次，创造一个想说、敢说的环境，提高幼儿口语表达的兴趣。特别是保护幼儿运用语言交往的主动性和积极性，通过日常生活中相关话题、情景讲述、看图讲述、讨论、合作等，鼓励幼儿能针对提问回答问题，能讲明白自己的要求和困难，能把看到的实物和事情讲述清楚，能讲述图片和复述故事，做到语句完整、通顺、连贯。激发幼儿说话的勇气，增强幼儿口语表达的自信心。

实践证明，在这种活泼的语言环境中，幼儿口语表达的自信心增强了，用语言进行交往的积极性提高了，能全天坚持说普通话，幼儿语言的词汇量增加，语句完整、连贯。从幼儿进入小学后的情况看，他们大多能在众人面前口头表达自己的想法，上课能积极发言，担任班干部的同学能当众讲述自己的工作职责、布置任务等。说话能力强的幼儿到小学后更容易获得成功的体验，学习的自信心更强。

（二）做好阅读能力的衔接

在社会和经济发展迅速的今天,人的阅读能力被视为具有很高价值的重要能力。因为阅读是学习的基础,大量的阅读能给人以启迪、给人以智慧、给人以力量、给人以丰富的精神食粮。小学生的阅读能力以及学业成就,与幼儿早期语言学习和阅读的条件、环境、能力存在很高的相关性。幼儿获得的阅读经验,是他们未来进入学校学习成功与否的基本条件和重要基础。《幼儿园教育指导纲要(试行)》明确把幼儿的早期阅读方面的要求纳入语言教育的目标体系。在幼小衔接中,不少人轻而易举地将早期阅读与早期识字等同起来,阅读不是孤立的教幼儿识字,而是帮助幼儿更好地学习口头语言和书面语言,学习一定的读书技巧,使他们的语言与认知、阅读经验与生活经验协调一致的发展。

1. 利用图文并茂的方式培养阅读兴趣

中国的汉字博大精深,有些具有典型特征的象形文字,采用图文并茂的形式更容易让幼儿接受和理解。例如,汉字日、月、水、火、山、木等,采用看图匹配阅读汉字的方式,让幼儿通过观察简单的图形标记,感知图片形象与文字标记相似,并尝试判断、推测汉字的语音和含义,了解文字的起源。在这样的阅读过程中,幼儿不仅表现出积极的情绪,更有利于培养幼儿对汉字的阅读兴趣。

2. 围绕故事活动,使口语与书面语言相对应

从学前阶段到小学低年级,故事是儿童阅读的主要材料,因此让幼儿慢慢适应故事题材特征以及其中包含的基本成分,有助于使口语与书面语言对应起来。例如,家长和教师相配合,每天给幼儿提供看故事的时间,让幼儿口述自己听到或看到的故事,帮助幼儿认识书上的文字和口语的对应关系,尝试认读文字,并增加预期和假设的提问,帮助幼儿预设故事结尾。另外,家长和教师适时地与孩子玩绕口令、念儿歌、唱童谣、编儿歌等活动,提高幼儿对语音和语法的敏感程度,使口语与书面语言对应起来。

3. 创建文字的学习环境,建立阅读常规

在语言教学衔接过程中,我们整合语言教育观念,和家长创设一定的环境,让幼儿感受到文字无所不在地环绕在周围世界。例如,在活动区设计文字标签,引导幼儿互相认识小朋友的名字,并适当围绕课程内容开展拼字组词活

动,提高幼儿对文字组成规律的认识。在阅读过程中,逐渐建立阅读常规。例如,引导幼儿按顺序观察画面、理解画面之间的内在逻辑关系,并能有条理地表达;做到爱护书,眼睛距离书本一尺、姿势正确;引导幼儿欣赏和朗读文学作品中标准、规范、优美的文学语言,掌握正确的语调和语气,学习朗读,为升入小学进行阅读做好准备。

由于我们加强了学前幼儿的阅读训练,幼儿对图例(非文字)和文字作用的分析、判断以及对书面文字的理解能力普遍较高。幼儿进入小学后对语文学习非常感兴趣,阅读的技能相当熟练。他们都能顺利的接受小学阶段的语文学习,并且普遍取得了优秀的学习成绩。

(三)做好书写能力的衔接

由于幼儿的年龄小,不善于进行书写活动,我们一定要遵循幼儿的年龄特点和兴趣所在,有计划、有目的的逐渐激发幼儿对书写的兴趣。要搞好幼儿书写方面的衔接,使幼儿尽快地适应一年级书写的学习和生活,应做好以下三方面的工作。

1. 熟悉田字格

在活动中组织多种形式活泼、发展空间及方位的知觉游戏,培养幼儿观察、分辨、比较能力。例如,引导幼儿玩"跳田字方格"游戏,通过角色表演,让幼儿认识田字格、四线格的名称,在活动中分辨上、下、左、右,初步了解田字格从左到右、从上到下的书写常识。

2. 规范写字姿势

幼儿在幼儿园学习中使用最多的是油画棒、棉签、水彩笔,使用铅笔的机会不多,即使用铅笔也是画画,画画姿势与写字姿势完全不同,幼儿进入小学后,极易将画画姿势迁移到写字的姿势中去,写字的速度和字体的美观程度将受到严重影响。我们在幼儿园大班最后半学期安排专门的时间让幼儿练习、掌握正确的握笔姿势,学习并运用写字的"三个一"儿歌:拿笔写字要注意,"三个一"要牢记,手握笔头一寸高,写字不要弯下腰,胸离桌子有一拳,保持眼睛一尺远……从幼儿园语言到小学语文学习的点点滴滴都需要规范,需要我们去培养孩子的良好习惯。

3. "多认少写"

在幼儿书写过程中,不能没完没了的写字或描红,而应侧重培养幼儿的兴趣和参与的积极性,使幼儿体验写的快乐,增进写的经验。例如,用图文相间的方式来书写简单的字。为了达到规范书写汉字的要求,一定要坚持一个"少"字。幼儿年纪小,动作慢,大多是六七岁的孩子,虽然带着渴求知识的火花,但他们还不善于进行真正的书写活动,如果强迫幼儿写很多字,每个字写很多遍,那么这点火花很快就会熄灭,他们就容易急躁、马虎,甚至对书写厌烦。

经过充分的书写训练准备,幼儿在入学前已初步具备了辨认字形以及分类的概括能力。在一年级写字教学中,孩子们对常见的符号、汉字的观察力较强,书写的字形、笔画、空间位置、执笔姿势正确率较高,已经具有了良好的方位知觉、空间知觉以及手眼协调能力,学习的主动性明显提高。

综上所述,我们不难看出,在幼儿园与小学衔接工作中,教师与家长应密切配合,遵循幼儿的年龄特点以及身心发展特点,把两个阶段作为一个连续的统一的整体来考虑,在学前教育阶段架起"幼儿园语言课程到小学语文课程的桥梁",使孩子顺利、较快地适应小学语文课程的学习,从而完成一个从幼儿到小学生的转变。

浅谈如何促进游戏与语言教学融合发展

莱西市沽河街道孙受中心幼儿园　张忠英

3—6岁是幼儿语言发展的关键期,幼儿园语言教学对于幼儿的语言发展及身心健康成长具有非常重要的作用与意义,在幼儿园教学中占有重要的地位。而学前期正是特殊的游戏期,让幼儿在游戏中学习无疑是符合幼儿身心发展规律的教学方式,同时更是一种尊重儿童的教学理念。并且,语言本身所先天具备的游戏性特征也使游戏在语言教学中占据不可或缺的地位。但在幼儿语言教学中却容易陷入以拼音、字词教学为主的"小学化"教学方式,教学中的游戏因其本身的双重性质(兼具教育性与游戏性)而导致其游戏性在某种程度上的缺失,有的教师会出现"为游戏而游戏"的情况,游戏与教学之间存在着明显的界限。我认为,幼儿园语言教学要将游戏与语言教学融合发展。

一、更新游戏观念,恰当实施游戏

教师要给语言教学中的游戏更多的自由。给游戏更多的自由意味着教师要把游戏主人、主体地位归还给幼儿,让幼儿自己尽情地投入游戏、享受游戏,在游戏中愉悦自我、发展自我。游戏开始后,教师不要过多地干预游戏,无需过分关注游戏中的对与错,或是游戏是否朝预期的方向发展。彭海蕾认为:"幼儿园游戏教学实质是培养幼儿的游戏性品质。"在成人专制与权威成长下的儿童要么会变成一味顺从的"努力",要么会走向暴戾叛逆的另一个极端。而在富于民主平等的游戏精神环境中成长的儿童,也能成为独立自主的发展者。

二、尊重幼儿,合理指导游戏

教师不论是设计游戏还是指导游戏,都要注意给幼儿预留适度的发挥空间。教师不能把游戏过程等同于"脚本",要求幼儿按照脚本来"演"。脚本式的游戏只会让幼儿感到拘束与紧张,生怕出错受到教师的批评。一旦幼儿在游戏中无法体会愉快与自由,幼儿也就无法真正在游戏中进行主动探索与内化,游戏也就失去了应有的价值与意义。语言教学游戏兼具教学性与游戏性,因此语言教学游戏时要求教师既要介入,又能退出。美国教育家斯米兰斯基曾提出:"游戏辅导可以提高儿童的认知能力。"同样,舍法提亚也认为:"成人参与游戏可以提高想象游戏的数量,促进儿童的认知、语言和社会性发展。"教师介入游戏要把握好度,不能对游戏进行过多的预设与安排,不随意代替幼儿决定或裁决对错。幼儿园教师在进行课前准备时,要注意在设计中为幼儿留下充足的发挥空间,让幼儿的活力和想象力在游戏中得到充分的释放,实现真正的游戏教学,保证幼儿参与教学游戏的主动性和积极性。

三、善于观察思考,多渠道开发语言教学游戏资源

教师不能被网络或书籍等有限的游戏资源所限制,要将语言教学中的游

戏来源放大到无限的生活中,让生活成为语言课程内容的不竭之源。生活的丰富多彩也赋予了语言课程内容生动性、真实性,幼儿因为熟悉而能更好地接受。幼儿教师要做善于观察生活、开发课程的开拓者,而不是只知照搬"现成"的复述者。因此,教师不必拘泥于教材或教案,要善于在生活的方方面面发现语言教学的素材。首先,教师在课堂内外要多思考,注意将生活中的各种游戏资源和游戏工具带入教学实践当中,扩充语言教学互动的种类和样式;其次,教师要注意对自身专业素养的提升,通过在教学实践中的经验汲取和日常生活中的观察和总结,设计出更加符合学生特点的游戏形式和教学方法。

四、打造良好的语言游戏化教学交流环境,调动幼儿的积极性

幼儿的天性十分敏感,让他们很容易受到周遭环境的影响。一个良好的语言交流环境,可以让他们以放松的心态进入语言的学习中,也让他们更加乐于进行语言的交流。良好的环境主要是从两个方面来说,分别是场地和精神。其中,场地指的就是他们学习的场地,需要干净、整洁。除此之外,还可以多布置一些幼儿较为喜爱的装饰,如毛绒玩具、动物墙花、绿植。这些布置可以为教师在教学过程中提供更多的游戏空间。

五、惯用生活化情境,让幼儿主动学习

以游戏化的方式进行幼儿的语言教学活动,有一点是十分重要的,那就是要学会使用生活化的教学情境。由于幼儿大脑的发育尚未完全以及他们自身对这个世界的认知不足,处于幼儿期的他们还无法理解太过深奥的东西,因此在进行语言教学的时候,教师应该尽可能地采用幼儿在日常生活中可能会遇到的情境来引导他们的语言学习。

六、以幼儿为主体,贯穿于整个语言游戏化教学中

在语言教学活动中,幼儿是教学活动中的主体。幼儿在教学活动中绝对不能只是被动地接受教师所教授的知识,教师应该让幼儿能够主动地参与教学活动。针对这样的情况,教师可以在教学活动中设置一些简单的小游戏,吸引幼儿参与。例如,在看动作说词语的游戏中,教师通过自己的一个动作,让幼儿说

出相对应的动词,并且鼓励幼儿以此延伸到各类场景之中。这样的游戏不仅让幼儿能在语言学习中发展想象力和创造力,还能训练他们的语言表达能力,让他们勇于将自己的想法表达出来。与此同时,在游戏的过程中,教师也需要多注意幼儿的行为,要察觉出幼儿内心真正的想法,看他们是否感兴趣、是否能够接受。只有这样,教师才能根据幼儿的实际情况,设置科学合理的教学课程和教学目标,提高幼儿的语言能力。

总之,当语言教学活动以游戏的形式进行时,儿童往往能更快更好地接受。教师应该让幼儿在自己有兴趣、能胜任的状态下,多听、多看、多做、多想,充分积累语言经验,使语言教学活动真正成为能促进幼儿积极运用语言能力获得发展的有意义的活动。

多措并举　互动提升
——工作室活动简讯

凝心聚力　追逐梦想

——程江月名师工作室启动仪式纪实

岁月缱绻,如诗如画。光阴的脚步已迈入了最美人间四月。2021年4月14日上午,程江月名师工作室启动仪式在莱西市机关幼儿园举行。工作室主持人程江月和工作室成员欢聚一堂,共话工作室未来发展。

工作室启动仪式

工作室特聘请孙丽君、朱平两位专家担任导师。两位专家既有丰富的实践经验又有深厚的科研能力,将有效指引工作室不断提升研究深度,结出丰硕的研究成果。

孙丽君,中共党员,高级教师,系城阳区2020年公开选聘名师,现就职于城阳区教育和体育局,为学前教研员。从教以来,她先后被评为青岛市拔尖人才、青岛市优秀教师、青岛名师、山东省特级教师、齐鲁名师、齐鲁名师领航工作室主持人、山东省"互联网 + 教师专业发展"工程省级工作坊主持人;先后主持参与了8个省、市规划课题的研究,荣获青岛市优秀教研成果奖;出版了两本书籍,10篇论文发表于《基础教育参考》等刊物。

朱平,中共党员,青岛市市北区教育研究发展中心学前教研员,曾获青岛市优秀教师、青岛市教学能手、青岛市青年教师优秀专业人才、青岛市教育管理

（学前教育）先进个人、青岛市首批卓越早教专家、青岛大学师范学院学前教育系硕士研究生校外导师。

两位导师对程江月工作室今后的发展寄予了厚望，也对工作室分层次提出了专业的指导意见和建议。

导师指导会议

林春凤园长致辞

林园长对程江月名师工作室的成立表示了衷心的祝贺，同时也对名师工作室的成员提出了潜心研究、多读书、勤思考的殷切希望，鼓励大家要以此为契机，在不断提升自我专业成长的过程中，发挥团队力量，起到引领作用，促进幼儿园工作的整体发展，成为德才兼备的优秀人才，并为工作室每位成员赠送图书。

林园长致辞

工作室成员合影

心中有方向　脚下有力量

主持人程老师介绍了工作室的三年发展规划，详细介绍了名师工作室的主

147

要任务和全体成员的职责,根据工作需要进行了团队分工,并表示工作室将通过专家引领、外出培训、专题研讨和课题研究等活动,让教师站到时代的前沿,成长为一名智慧型教师。

打造学研共同体　互助共成长

工作室成员相继汇报了三年规划,"独行步疾,伴行致远",面对新的挑战,成长的最好办法就是不断学习。

程老师提出了希望:通过这三年培养计划的实施,有效推动骨干教师的专业成长,力求使工作室成员在课堂教学出精品,教学研究出成果,网络平台出效益;并发挥示范、带头作用,从而形成名优群体效应。

名师工作室成员

工作室主持人:程江月

莱西市机关幼儿园　程江月

工作室成员

莱西市孙受中心幼儿园　张忠英

莱西市香港路小学幼儿园　林华华

莱西市月湖小学幼儿园　王均香

莱西市滨河社区幼儿园　王　娟

莱西市香港路幼儿园　隋明秀

莱西市机关幼儿园　田雪梅

莱西市香港路幼儿园　李　娟

莱西市水集街道中心幼儿园　丁贝贝

莱西市机关幼儿园　宋雪玲

送教到园,携手同行

——记程江月名师工作室"送教下乡"活动

纷纷红紫已成尘,布谷声中夏令新。为充分发挥名师工作室的示范、引领、辐射作用,提高工作室成员专业素养,2021 年 5 月 7 日程江月老师带领工作室全体成员来到莱西市沽河街道孙受中心幼儿园开展"送教下乡"活动。

程老师主持活动

此次活动从名师展示课开始,工作室成员王均香和王娟老师展示了两节课堂实录,分别是小班语言活动"小雨点"和小班科学活动"大大小小的蛋"。

观摩教育活动

活动展示后两位老师从"怎样在真情的表达与想象中适宜的促进幼儿诗化语言的主动学习""如何以观察为基本方法促进幼儿在科学探究中的主动学

习"等方面进行经验分享。

接下来的研讨课活动,由孙受中心幼儿园李晓男老师进行了小班美术活动"我的小手"的教学展示。

"我的小手"教育活动

活动展示后,教师针对活动进行了详细的分析评价,共同梳理了美术活动教学经验,就进一步提升活动质量,更好地激发幼儿学习的主动性,去感受美、表现美和创造美展开讨论。在研讨过程中,工作室的每一位成员对此活动的亮点和不足进行了深入细致的点评,教师就教学活动中遇到的问题进行答疑解惑,大家畅所欲言,在场的每一位教师从交流中有所思、有所获。

分享交流会

接着,名师工作室成员王均香老师以"如何说好一节课"为题,进行了精彩的专题讲座。

王均香讲座

　　王老师从什么是说课以及说课的基本要求、基本方法入手,从说教材、说目标、说教法、说学法、说准备、说过程、说课应注意的问题等方面进行详细讲解,并结合丰富的教学经验,把自己亲身实践摸索出的很多有实用价值和借鉴意义的做法拿出来和大家分享。讲座中,王老师态度谦逊、妙语连珠,让大家在轻松的氛围中加深了对说课的了解,增强了说课技能,提高了专业能力。

　　最后,名师工作室进行了联席教研活动,在主持人程江月老师的引领下,大家在思维的碰撞中发现问题、捕捉亮点,在研讨中交流灵感、总结经验,更加清楚活动中幼儿主动性学习的重要,并在此过程中发现问题,探索引导幼儿主动学习的策略,从而进一步丰富和开拓自己的思路,运用于之后的课题研究中。

研讨交流会

　　此次送教下乡活动,实现了教师优质资源共享。赠人玫瑰,手有余香,我们不仅收获了经验,收获了成长,更收获了来自分享的快乐。在今后的工作中,我们会继续加强交流合作,携手并进、共同成长。

六月清和夏转炎，名师引领促发展

——程江月名师工作室读书沙龙交流活动

麦随风里熟，梅逐雨中黄。为提升城乡幼儿园教师的专业素养和能力，促进教师专业发展，2021年6月23日，程江月名师工作室所有成员相聚在莱西经济开发区苏州路幼儿园，进行实地教研指导暨读书沙龙交流活动。工作室全体成员及龙水社区新教师等40余人参加了本次活动。

研讨活动合影

本次活动分"户外游戏环境研讨""专题讲座""读书沙龙""近期工作安排"等4个环节，活动由名师工作室主持人程江月主持。

观摩研讨　思维碰撞

工作室成员在姜园长的陪同下，实地观摩了苏州路幼儿园的户外游戏区域环境创设，每一处都给予了点睛之笔的指导，同时对幼儿园现阶段的工作给予了肯定。

实地观摩

名师工作室成员王均香老师针对新入职的中青年教师开展了《幼儿园集体教学活动的设计与组织》的专题讲座。

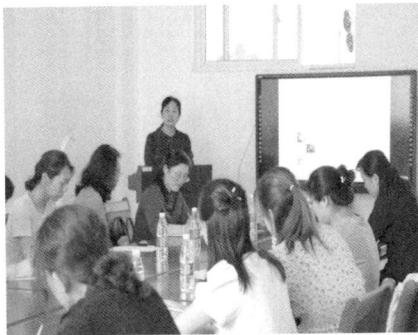

专题讲座

王老师从如何选择教材、分析教材、教学目标定位、教学活动的准备、合理设计活动过程、推进幼儿在活动中的发展五个方面进行了细致精彩的讲解，并通过详细的教学活动设计案例逐个环节进行分析，让教师受益匪浅。

教材解读　高位引领

主持人程江月解读了省编教材的内涵，介绍如何创造性地使用教材，并结合教育活动活动目标、教育建议等要素进行了细解和指导，进一步提高了青年教师的业务认知及对教材的把握。

解读教材会议

读书交流　开拓视野

"立身以立学为先，立学以读书为本"，工作室自成立以来便将读书作为教师专业发展的第一基石，让读书成为自我磨砺的一种习惯。通过读书沙龙分享活动，营造工作室读书氛围，让每一位成员从优秀作品中汲取营养，开阔视野，从而提高自身的文化底蕴和文化修养。通过读书沙龙活动，搭建交流平台，切实解决教育教学中的问题，实现教师专业水平和教学品质的同步提升。与会成员畅所欲言、妙语连珠，思想在碰撞中绽放，智慧在交流中升华。

读书交流活动

王均香老师分享了《放手游戏让孩子回归自我》这本书。她针对小班幼儿注意力持续时间短的问题，建议教师为幼儿准备很多快速且容易玩儿的游戏。为了保证幼儿的兴趣，我们应该限制每个活动区的材料数量，要经常更换材料。教师要热情地展示材料，新材料能对幼儿产生强大的吸引力。不管是一个新的故事、一首新歌、一个新的动作，还是一种新的颜料，幼儿都能对教师的热情展示做出积极的回应。

林华华老师分享了《有效备课上课听课评课》这本书。它像一缕阳光照在我的心灵上，让我深刻感受到：我还需要让自己静下来，着力思考有效备课、上课、听课、评课的问题，慢慢思索教育的细节，从细小琐屑的教学细节入手，剖析教学的深刻和有效，让自己的课堂教学真正从有效走向优质！

丁贝贝老师：最近读了《做富有洞察力的幼儿教师有效管理你的班级》。读完这本书，我探索出了通过反思来发展洞察力的方法，今后我要用新策略和新方法来和幼儿一起战胜挑战，创建一个更加健康的班集体。

田雪梅老师：《做富有洞察力的幼儿教师》这本书以一个个真实的案例，生动形象地告诉我们观察的意义和重要。同时，也让我懂得，关注、欣赏、接纳幼儿，会让我更多地体验到幼儿教师这个职业带来的幸福感。

李娟老师：读了《做富有洞察力的幼儿教师，有效管理你的班级》这本书，让我对"洞察"二字有了不一样的理解与感悟。在这本书里，我感受到了教师和幼儿之间积极的情感关系；看到了教师对幼儿的尊重，给予幼儿的情感和行为支持；看到了幼儿乐于并自然地向教师寻求帮助，与教师互动……我也要努力成为这样的老师，陪伴幼儿健康快乐地成长！

隋明秀老师：读完《幼儿行为的观察与记录》这本书，我从理论上更清晰地认识了为什么要观察幼儿，观察幼儿行为后该如何评价这一行为。从实践上，这本书为如何观察记录提供了指导，为更有针对性地观察提供范本和依据。同时，我学会了在读懂幼儿行为的背后，包含着公正地对待幼儿，尊重他们独特的个性。在观察、解读幼儿的道路上，我会提醒自己始终保持一颗开明接纳的心态继续前行。

王娟老师：《教师如何读懂幼儿思维》这本书告诉我们幼儿是有能力的思考者和学习者，我们如何尝试回到熟知的孩童时代进行自己的观察，提升自己对于幼儿思维的思考，思考如何在支持、挑战、拓展幼儿的思维与学习的动态过程中扮演好自身的角色。不要太匆忙，一天一个点滴，一天一个解释，一天一个回想，一天一点思考，相信我们会慢慢地学会读懂幼儿的思维，直入幼儿的内心，做个好老师！

张忠英老师：《做富有洞察力的幼儿教师有效管理你的班级》一书荣获美国2015年度专业发展类图书教师选择奖。它呈现了无数个教师干预幼儿行为的无效案例，让我情不自禁地感慨"我原来就是这么做的，怪不得没效呢"！书中指出了有效回应幼儿的方法：懂得幼儿，了解他们行为背后的诉求，欣赏与认可他们。它澄清了一个错误的概念,即公平对待幼儿,不是要用相同的方式对待每个幼儿,而是要制订个别化教育计划满足每个幼儿独一无二的需求,并详细阐述了具体做法。这也是一本培养教师反思力的优秀读本。

读书交流后,工作室主持人程江月进行了总结性发言:"教师要转识成慧,教师应当是一个会讲故事的人,是一个有故事的人,是一个创造故事的人。"而阅读让我们的故事更丰盈,阅读会帮助我们完成精神的超越与突围,愿每一个人都能爱上阅读,享受阅读!

工作总结　梳理提升

梳理提升会议

最后,工作室主持人程江月带领大家回顾了本学期工作情况,梳理了下阶段工作要点,并布置了下半年的工作任务,确定了大家的工作目标和努力方向。以课题研究为抓手,做好立项课题开题的各项工作,立足课堂教学,提高教学质量;开展"走出去、请进来"活动,开展集中学习、网络交流研讨等活动;开展送课到园观摩教学活动,发挥辐射作用。同时,要求成员多阅读书籍丰富自己的知识领域,撰写读书笔记,反思总结教学经验,撰写教学论文,尽快提升业务素质。

本次活动在欢声笑语中结束了,但相互学习交流永远不会停滞。工作室的每一个成员都在这次研讨中受益匪浅,汲取了满满的养分。相信在名师工作室的引领下,每位成员都会如雨后春笋般迅速成长起来。

幼小衔接，你我同行

"幼小衔接"是儿童从幼儿园向小学过渡之间的衔接，是儿童结束以游戏为主的学龄前生活，走上以学习为主的正规学习生活的过渡。怎样使幼儿顺利适应小学的学习与生活，搞好幼小衔接工作，是大班学习阶段的教育重点。通过合理调节衔接的"陡坡"，减少儿童适应中的困难和问题，顺利过渡到新的教育阶段，是幼小衔接工作的关键。

工作室成员合影

为此，张浩然名师工作室与程江月工作室特邀请莱西语委办的唐忠莲老师和莱西市小学部教研员李林老师到校进行了讲座，两个工作室的成员及全市小学一年级骨干教师参加活动。

以情带声　以声传情

活动开始，唐老师就以丰富的人生阅历引领大家感受语言的魅力，声情并茂地为大家带来了讲座《以情带声以声传情》。

齐心协力　科学衔接

紧接着，教研室李琳主任进行了《幼小衔接的注意事项》的专题讲座。她提出，教师要根据《教育部幼儿园与小学科学衔接指导意见》做好幼小衔接工作，并强调坚决不允许提前教授一年级知识，不允许掀起不良的社会舆论，不允许给一年级教育做反面宣传，幼儿园与小学要齐心协力做好幼小衔接工作。

李琳主任强调孩子们赢在起点不一定赢在终点，有很多学生都是超前学习,好的成绩靠的是习惯和方法。教师要注意自己的言行、注意自己的言论,严格约束自己的一言一行,不要激化家长的焦虑、教育的内卷,要落实"零起点"教学,要弘扬正确的教育理论导向,一起努力,形成良好的社会舆论。

认真学习　反思提升

此次培训中,工作室成员和骨干教师积极互动,与专业为伍,科学衔接。结合《教育部关于大力推进幼儿园与小学科学衔接的指导意见》及讲座内容,大家认真学习,培训后及时反思总结,并撰写培训感悟。工作室成员纷纷表示,我们将迅速行动起来,继续优化幼小衔接方案,在幼儿的一日活动中渗透幼小衔接,培养幼儿良好的生活、学习习惯,将倾听与表达能力的培养与幼小衔接研究紧密结合,促进幼小衔接工作的顺利进行,提高幼儿的入学品质。

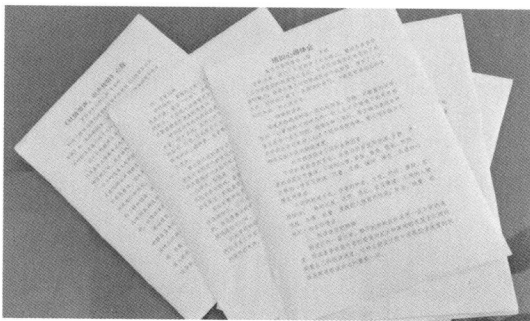

工作反思稿

让我们共同携手,努力营造宽松和谐的氛围,遵循幼儿身心发展规律和教育规律,悉心陪伴,科学衔接。相信在不久的将来,每一个孩子都能面带灿烂的微笑,迈着从容的步伐,开启一段美好的学习旅程!

双向联合教研　精准幼小衔接

——名师工作室活动纪实

为贯彻落实《教育部关于大力推进幼儿园与小学科学衔接的指导意见》及

各级文件精神,深入推进幼儿园与小学科学的衔接,9月23日上午,程江月名师工作室和张浩然名师工作室联合开展了幼小衔接联合教研活动。

工作室成员合影

教学研讨新定位

首先,工作室成员在莱西市第二实验小学参加了幼小衔接培训会。一年级骨干教师进行了课堂展示、模拟上课。小学教研员李琳老师结合本次活动主题进行了深入浅出、生动具体的点评,强调教师要高度重视幼儿园与小学教育的科学衔接工作,以激发学生学习兴趣、培养良好习惯、提高学生适应环境的能力等为重点,为学生降低"坡度",扎实开展"零起点"教学,引导学生逐步适应小学生活。

磨课研课促成长

接着,在分散会议中,工作室成员在莱西市机关幼儿园进行了磨课研课活动,工作室李娟老师带来了一节精彩的大班社会活动"百家姓"。之前,工作室成员多次线上、线下指导备课,帮助她理清思路。李老师也作了精心的准备,从教学目标的定位、教学方法的运用、幼儿学习品质的培养等方面进行了反复的研究、修改,课堂日臻成熟。

本次活动共分为4个环节进行:一听、二评、三交流、四磨课。课堂上,李老师结合大班幼儿年龄特点,以幼儿为主体,引导幼儿通过寻找自己的姓氏,发现"百家姓"的趣味,轻松地与传统文化碰撞、对话、生发情感,巧妙运用多种游戏化的教学手段和方法让孩子们感受到中国人的姓氏代代传承,感受到父母、同伴的关爱,感受到作为一个中国人的自豪!

　　工作室全体成员本着共同提高的态度,专心听课,细致评课,反复推敲,从教学活动的教案书写、目标定位、课件教具的准备、内容的选择、环节的设计、教师教态、提问的有效性等方面进行了严格、细致的评价。在肯定优点的同时,用大量的时间"挑毛病",提出合理化建议和实操性方法。大家更是在思维的碰撞中产生智慧的火花,在交流中更新了教学理念。

教育活动

凝心聚力再启程

　　活动最后,工作室主持人程江月老师进一步部署了新学期工作重点,对各项工作进行了具体分工和规划。同时,强调要科学做好幼小衔接工作,要从细节落实,长远规划,以幼儿为本,关注幼儿发展的连续性、整体性、可持续性,夯实幼儿入学准备,重视良好行为习惯的培养,为幼儿终身发展奠定基础。

研讨活动

风正时济,自当破浪前行;任重道远,更需快马加鞭。在接下来的教育教学工作中,工作室的每位成员将继续以饱满的热情和坚定的信心脚踏实地,进一步发挥辐射、示范、带动作用。

专家调研促成长,凝心聚力发展

金秋十月,层林尽染。10 月 27 日,青岛市教科院的章鹏主任、孙泓、薛新飞老师走进莱西,召开"三名"工作室座谈会,了解各工作室活动情况和工作开展过程中存在的问题,并现场点拨引领、指明方向。

大家按学段进行了汇报。首先,学前工作室主持人程江月老师进行汇报,孙泓老师听完后肯定了工作室的工作:程老师工作室以课题研究为抓手,聚焦课程,打造高效课堂,引领教师不断提炼教学风格,提高教学水平,把名师的教学思想在课堂中体现出来;推进"送教 + 研讨"活动的举行,促进了城乡教育资源的均衡发展,发挥名师工作室的示范、引领和辐射作用。这些活动的开展,使教师的师德修养和业务素质快速提高。同时,课题研究的过程是积极有效地促进教师成长蜕变、历练、完善的过程,它使我们的教学更切实地"以幼儿的主动学习为本",向和谐课堂的方向迈进。

汇报交流会

接着,小学工作室主持人张浩然汇报:工作室鼓励学员借助"自主阅读""外出培训""网络研修"三项平台深入学习,促进教师向上向深生长;推进"自主探究、集中探究、融入学校、融入区市级活动"四条路径,深入课堂、立足课堂,落实课堂研修实效;依托"个人引领、骨干带动、榜样示范"三种方式,发挥辐射带动作用,引领学员及其所在学校以及联动成员学校共同发展。孙老师充分肯定了工作室前期的努力以及取得的成果,尤其是对农村学校的帮扶和引领;鼓励工作室做好材料的搜集和整理以及教育思想和教育主张的提炼,以坚持把工作室做好。

随后,孙泓老师又听取了工作室主持人李爱芳、周莉莉和陈宁的汇报,亲切询问大家工作情况,对提出的困惑进行解答,针对一些具体问题与大家展开了热烈讨论。"独行快,众行远。"孙老师鼓励各位主持人要抱团发展,创造性地运用好各类资源,更好地发挥工作室的辐射引领作用。

最后,青岛教育科学研究院章鹏主任提出期望:希望工作室的各位成员教育理念、教育管理、教育实践、教学研究能力都有提高,让工作室成为培养优秀教师的重要发源地、优秀青年教师的集聚地和未来名师的孵化地,激活带动教师队伍建设。

莱西名师工作室主持人纷纷表态:我们将向着"谋求专业高位发展,享受教育幸福人生"的美好愿景一路同行!我们坚信,有领导的亲切关怀,有工作室成员的共同努力,今后工作室活动会更充实,工作室成员专业成长的步伐会更快!

成长,我们携手在路上

——程江月名师工作室阶段性工作总结交流活动

晨光熹微,朝霞旖旎。在这个充满收获的季节里,程江月名师工作室于11月2日上午在莱西市机关幼儿园召开了工作室阶段性总结交流会。此次会议由工作室主持人程江月老师主持,工作室全体成员参与活动。

课题研讨 科研促教

会议伊始,工作室主持人程江月老师传达了10月18日青岛市教科院组织的课题研究会的会议精神,要求成员认真学习会议内容,并以此为契机,提高自身教科研能力。同时，集体观看了教科院刘永洁老师的精彩视频讲座。刘老师从结题的意义、结题的主要形式、结题文档和结题报告的撰写四个方面出发，为大家详细阐述了一系列关于课题结题的指导策略。

集体观看视频讲座

现场观摩　链接精彩

随后，全体成员观摩了机关幼儿园中大班的区域活动。本次观摩活动以区域环境的创设、材料的投放、游戏的观察和指导作为重点观摩内容。对区域设置的科学性、空间布局合理性、材料投放适宜性、幼儿参与度和投入度等方面进行全面深入的观察。观摩结束后，大家积极发言，对本次观摩进行了反馈与研讨。

现场观摩

总结反思　树立愿景

在活动第三环节，程老师总结了半年多以来工作室取得的成绩与收获，并传达了 10 月 27 日教科院领导章鹏主任、孙泓老师和薛新飞老师走进莱西召开座谈会的会议精神,对工作室成员的发展做出了评价与肯定,鼓励成员在接下来的工作中继续深入开展课题研究,不断丰富教学成果。

　　会后,成员之间相互观摩学习了个人成长档案的建立情况。

总结交流会

读书活动合影

　　水本无华,相荡乃成涟漪;石本无火,相击乃生灵光。我们的思想在碰撞中升华,我们的工作在思考中提升。相信在各位名师的指导下,工作室全体成员将继续发挥团队智慧和能量,奉献各自的激情与才华,心中有风,行路有方,乘风破浪,行走在更加美好的教育路上!

携手教研　共同成长

——程江月名师工作室经验交流暨研究课活动

　　初冬暖阳万物藏,岁月沉香悦时光。为了进一步落实《教育部关于大力推进幼儿园与小学科学衔接的指导意见》和《青岛市幼儿园与小学科学衔接实验方案》文件精神,提升幼儿园"幼小科学衔接"的专业能力,2021 年 12 月 7 日上午,程江月名师工作室携手教体局学前教研室刘菁老师,共同走进莱西市月湖小学幼儿园,开展了幼小衔接经验交流暨研究课观摩研讨。此次会议由工作室主持人程江月老师主持,工作室全体成员和月湖小学幼儿园骨干教师参与活动。

多维展示　经验共享

会议伊始,工作室主持人程江月老师介绍了本次活动的内容。莱西市月湖小学幼儿园王均香园长就本园幼小衔接工作进行经验交流。王园长从"全面准备""把握重点""尊重规律"三个维度入手,并从坚持儿童为本、着眼发展、联合教研、双向衔接、家园合作、共同做好科学衔接等多个方面进行了幼小衔接经验分享。

分享交流会

课程互动　精彩瞬间

莱西市沽河街道孙受中心幼儿园金倩老师、李鸿飞老师分别展示集体教育活动。

金倩老师展示了小班科学活动"大脚印、小脚印"。她结合小班幼儿年龄特点,创设去羊村玩的情境,运用启发性提问、体验操作等策略,激发幼儿探究兴趣。引导幼儿在看一看、摸一摸、猜一猜、动一动的过程中,自主探索点数5以内物体的数量,激发幼儿对科学活动的浓厚兴趣。

教育活动　　　　　　　　　　观摩教学

李鸿飞老师展示了大班语言活动"西瓜船"。李老师通过图片引导幼儿逐幅观察讲述图片,理解图片内容,随后小组讨论,相互讲述图片,最后教师形象生动地示范讲述,总结评价。李老师开放性、多样性、挑战性的提问,引发幼儿思考并大胆表达自己的见解,帮助幼儿把握角色特点,理解故事内容。

听课、评课是教师专业成长过程中的一项常规性工作,也是教师成长的必修课。程江月老师及工作室成员针对两节教学活动围绕教学目标的适宜性、活动准备的合理性、教学过程的科学性、师幼互动的充分性等方面进行交流研讨,寻找教学活动中的优势和问题。工作室程江月老师表示:我们邀请到学前研究室刘菁老师和各位园长进行集体教研活动,机会难得,作为年轻教师要有目的的吸收各位园长提出的建议,借助工作室这个平台,共同学习,共同进步。

交流研讨会

"学然后知不足,教然后知困",此次活动不仅为教师提供了一个展示的舞台,也营造了相互学习、相互交流、不断探索、不断反思的良好互动氛围。

梳理总结 共话成长

活动的最后,学前研究室刘菁老师对本次活动进行了总结。她强,调要转变对幼小衔接的片面认识,树立科学的衔接理念。幼小科学衔接不是突击工程,它渗透于幼儿园三年保育教育工作的全过程,覆盖幼儿在园的所有活动。集体教育活动应更有针对性的聚焦儿童发展的核心素养,为幼儿入学做好全面的准备。

幼小衔接,我们继续行在路上、研在路上!

共沐书香　幸福成长

——程江月名师工作室线上读书会

为提高工作室团队的综合素质,积极打造学习共同体,程江月名师工作室开展了以"共沐书香,幸福成长"为主题的读书活动,要求工作室每一名教师充分利用闲暇时间读专业书籍、做读书笔记、写读书心得。鼓励教师从书中汲取知识养分、丰富内心世界,并将理论付诸行动实践,让教育更加有深度、有温度。

近日,工作室负责人程江月主持召开了读书交流会。在交流活动中,工作室成员相约线上畅谈读书经验,分享读书乐趣。

读书活动必读书目

最后,程江月老师对此次活动进行了总结,并向工作室的教师提出了要求,希望教师以书为伴,真正挖掘书中的内涵,并且运用到自己的教学实践中去,让读书成为一种习惯,成为一种享受。

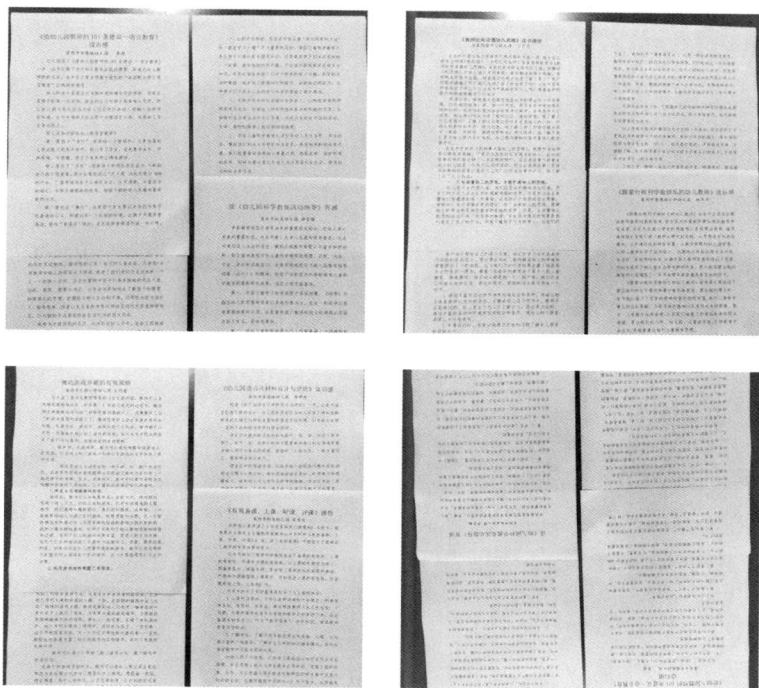

读书感悟稿

夯实基本功 说课促成长

——工作室开展"线上说课"主题活动

为了进一步提升工作室成员职业素养与教学能力,推动教学质量的不断提升,营造互相学习、互动交流的良好氛围。近日,程江月名师工作室开展了以"夯实基本功,说课促成长"为主题的线上说课。工作室全体成员参加了本次活动。

成员分别选取工作室子课题相关领域的教育活动,展示了各具特色的说课,从教材分析、教学目标、教学重难点、教学方法、教学流程等多个方面阐述了自己的教学设计,体现了当下教学实践中的新思想、新理念、新方法。与会老师互相学习,取长补短,收获颇丰。

"线上说课"主题活动

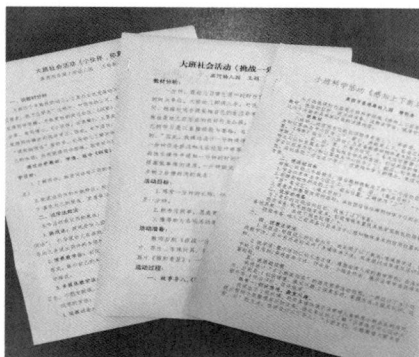

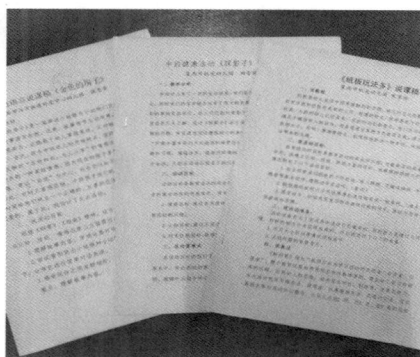

说课稿

　　"采他山之石以攻玉,纳百家之见以厚己。"我们是行动的思想者,更愿做思想的行动者。探索永无止境,行动即有收获!此次程江月名师工作室活动圆满结束,每个人都收获满满,受益匪浅。我们相信,在程老师的引领下,工作室全体成员将在学前教育道路上,不断行走,不断探索,不断收获。

送教促交流,牵手共发展

——工作室"送教下乡"活动

　　初夏绵绵,灼灼骄阳!在这个夏花灿烂的时节,一场送教下乡的暖心之旅,走进孙受中心幼儿园……

"送教下乡"活动专题会议

为了充分发挥名师工作室的示范、引领和辐射带动作用，2022年6月16日，程江月老师带领其名师工作室成员走进孙受中心幼儿园开展"送教下乡"活动。名师工作室成员、孙受中心幼儿园教师参加了本次活动。活动由名师工作室主持人程江月老师主持。

现场观摩

教师观看了由香港路幼儿园田双梅老师带来的小班艺术领域活动视频《大象和小蚊子》。

观看后，香港路幼儿园隋明秀园长首先就本节活动的设计、教学方法等方面进行了分享交流，接着，孙受中心幼儿园的教师从教案设计、活动组织、活动效果等方面谈了自己的所感所得。

分享交流会

名师工作室主持人程江月带领名师工作室成员、孙受中心幼儿园教师共同赏析了两节优秀活动案例，一节是小班语言活动"彩色的梦"，另一节是大班健康活动"海上小纵队"，程江月老师带领大家通过边学习、边思考、边讨论、边反思的方式，使活动案例更直观、形象，更加容易理解。

名师工作室主持人程江月向孙受中心幼儿园、工作室成员赠送了书籍，并鼓励教师多读书、读好书,汲取书中的精华。

赠书活动

　　工作室成员针对今天的户外开放活动各抒己见,畅谈自己的观摩感受,纷纷表示:一进幼儿园大门,枝繁叶茂的紫藤长廊充满生机和快乐,幼儿园在玩水区、民俗区、军事战备区等户外区域为孩子们提供了多种低结构的游戏材料,让孩子们在自主游戏中勇敢、大胆地表现自己,在自主游戏中真正体验到了快乐。张园长的解说也传递出了实实在在的游戏研究经验,让工作室成员真切感受到了户外游戏魅力。最后,程江月老师表示:孙受中心幼儿园依托乡土资源,充分挖掘和利用各种资源,把促进幼儿发展的自主游戏放在首要位置,为幼儿打造了自然、合理的户外游戏场地,促进幼儿个性化的多元发展。

　　一枝独秀不是春,百花齐放春满园。此次"送教下乡"活动犹如一场甘霖,滋润着老师们的心田。此次活动不仅发挥了名师的示范引领作用,更让我们携手同行,共研成长。

以说促教　交流成长

——工作室联合市学前教育室说课评析活动

　　九层之台,起于累土。说课作为教师钻研教材、研究教法,提升专业发展的有效途径,是教师成长的必备能力。为了贯彻《幼儿园保育教育质量评估指南》和《幼儿园教育指导纲要(试行)》精神,充分发挥名师工作室的示范、引领作用,近日,程江月名师工作室参加了学前教育室组织的教师说课评析活动。

173

　　5 位教师分别进行了语言领域、社会领域、艺术领域、健康领域的说课展示。他们个个热情洋溢,讲述着自己的教学理念,抒发着自己的教育情怀,精彩纷呈的课堂给人留下了深刻的印象。

　　在评析研讨中,程老师建议:首先,说课要有底气、有激情、显个性;其次,说课要说"准"教材、说"明"方法、说"会"学法、说"清"教学意图、说"精"教学过程;最后,她鼓励教师从细节入手,练眼神、练形态、练表达,全面提高"说"的水平。

　　工作室成员从说课内容、说课技巧等方面进行了交流探讨,各抒己见,真诚地提出自己的看法,与其他教师交流探讨。

交流研讨会

　　坐而言,不如起而行。路虽远,行则将至。此次评课活动,为工作室全体成员提供了一个相互学习和共同成长的平台,对工作室成员专业成长和学科素养的提高都大有裨益,加强了工作室学习共同体的建设。

名师引领促交流·听课评课促发展

——工作室教育活动观摩评析及好书交流分享活动

　　为进一步发挥名师工作室的示范引领和辐射带动作用,9 月 29 日下午,程江月名师工作室教学研讨活动在莱西市香港路幼儿园举行。程江月名师工作室成员及莱西市香港路幼儿园新入职教师参加了本次活动。

教学活动观摩

在教育活动观摩中，莱西市香港路幼儿园青年教师代表孙峰、李昕阅分别执教大班社会活动"国旗升起来"及大班音乐活动"光脚的小约翰"。

大班社会活动"国旗升起来"通过视频形式激发幼儿原有经验，引导幼儿了解五星红旗上五颗星星所代表的含义，在升国旗、奏国歌的情境里知道五星红旗是我们中国的象征，从而引发幼儿爱国情感。

大班音乐活动"光脚的小约翰逊"将情境贯穿始终，牵起情感之链，把歌词融在音乐游戏的情境中，引导幼儿充分感受乐曲，尝试用不同的动作大胆表现约翰和鞋子游戏的场景，体验音乐游戏的快乐。

观摩教育活动

教学活动结束后，程江月老师及工作室成员就所展示活动的教学设计思路、目标完成度、教学应变能力、师生互动以及幼儿学习效果等方面进行了交流。大家畅所欲言，各抒己见，既肯定教学中的亮点，同时对需要完善与改进之处提出了合理的建议。交流中的每一句话都是意见的互补、思维的碰撞，大家在"评"中相互学习，实现了智慧的共享。

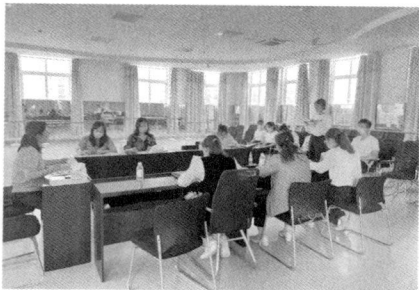

交流分享活动

研讨中，老师们畅所欲言、群策群力，围绕教学理念、教学策略、有效提问、师幼互动、教具学具等方面细致打磨、深度研究，帮助执教教师进一步调整理念、理清思路，为更高质量的课堂呈现集思广益。

研讨后，大家分享交流了自己阅读的好书，活跃的气氛又一次达到高潮。工作室主持人倡议大家多读书、读好书，同时还向工作室成员提出读书要求：一是要认真做好必读书的深入研读，并做好读书笔记；二是边读书边反思，在读书过程中提高自身素养；三是要处理好读书与教学的关系，最终将书本上学到的理论运用到我们日常的教学实践中。

"学无止境，教无止境，研无止境。"本次活动为工作室成员搭建了相互交流沟通、共同进步的平台，形成了浓厚的教研氛围，特别是对青年教师起到了很好的示范和引领作用，有效推动了不同梯队教师的专业发展。

名师研讨互交流 共促发展齐提升

——工作室户外游戏环境创设研讨交流活动

"教育之行，始于足下"，为了拓宽工作室成员视野，切实发挥名师工作室的示范引领作用，2022年11月15日上午，程江月名师工作室在主持人程江月的带领下，走进莱西市水集街道中心幼儿园，开展了户外游戏环境创设观摩研讨及课题阶段交流活动。

现场观摩 实地研学

工作室的成员在刘月秋园长的带领下走进幼儿园，对幼儿园户外游戏环境创设进行了现场观摩。

观摩结束后，工作室成员纷纷表示，水集中心幼儿园立足园本特色充分挖掘户外场地资源，为幼儿创设了生态、自主的游戏空间，满足每一位幼儿的游戏需求，所提供的游戏场地处处有亮点、有惊喜、有教育契机。

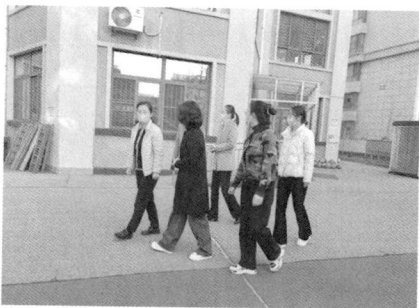

现场观摩

课题交流 总结提升

开展课题研究是教师专业化成长的重要途径，为提高工作室成员的科研水平，进一步加强课题研究的科学性、严谨性和规范性，工作室成员结合自己承担的子课题进行了课题阶段性交流。

课题交流会

工作室主持人程老师在总结中指出，我们应以研究的姿态投入工作中，学会观察问题、提炼话题、聚焦主题、突破难题，善于"借题发挥""小题大做"，在课题研究中淬炼思想、历练经验、串联发展，做一个有心的教学者、细心的教研者、静心的教育人。

同行有伙伴，高位有引领。本次活动，在观摩分享中拓宽了工作室成员的视野，在交流研讨中展示了前期研究历程和阶段成果。成员们在交流中学习，在学习中反思，在反思中提升。研思前行的路上，最美的风景永远在前方。

赴春日之约　携手共成长

——工作室教研活动

　　春风化雨雁归来，万物生发正当时。为提升工作室成员教育科研水平，树立和强化课题研究意识，促进教育教学质量的提高，2023年3月15日上午，程江月工作室成员齐聚莱西市机关幼儿园，在主持人的带领下进行了现场教研活动。

课题研讨会

　　活动伊始，主持人程江月老师结合主课题进展内容进行细致的解读，对实施时遇到的问题、困惑进行了详细分析与解答，针对在课题开展过程中应该关注的实践方法、实践效果、评价方式等提出了可行性建议和指导，让每个成员能更精准地把握课题研究点，为后续扎实、有序地开展课题研究起到积极推进作用。

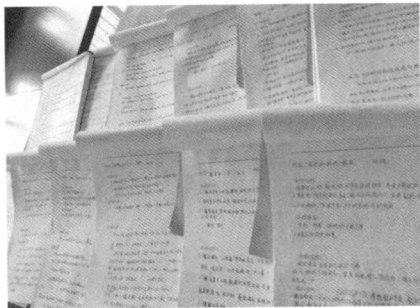

经验分享展板

机关幼儿园田雪梅主任做了集体教学经验分享和交流。她从活动准备、活动目标、活动过程、教学方法、活动反思等方面进行了介绍。随后，大家深入探讨，对亮点进行学习，指出不足之处，提出改进方法，相互吸取经验，取长补短。

追风赶月莫停留，平芜尽处是春山。站在春天的起点上，工作室全体成员将立足于课题，充分发挥名师示范、指导和辐射作用，借助课题研究为学前教育添砖加瓦。

"教而有思，研而有行"

——工作室集体教育活动观摩与评析

"教育之行，始于足下。"为了切实发挥名师工作室的示范引领作用，2023年4月7日上午，程江月名师工作室在主持人程江月的带领下，走进莱西经济开发区滨河社区幼儿园，开展了集体教育活动研究及评析，并观摩了工作室成员王娟的大班科学活动"动物本领大"。

教学活动结束后，程江月老师及工作室成员就所展示活动的教学设计思路、目标完成度、教学应变能力、师生互动以及幼儿学习效果等方面进行了交流。大家畅所欲言，各抒己见，既肯定了教学中的亮点，同时对需要完善与改进之处提出了合理的建议。交流中的每一句话都是意见的互补、思维的碰撞，大家在"评"中相互学习，实现了智慧的共享。

分享交流会

研讨中,教师们畅所欲言、群策群力,围绕教学理念、教学策略、有效提问、教具学具等方面细致打磨、深度研究,帮助执教教师进一步调整理念、理清思路,为更高质量的课堂呈现集思广益。

本次活动为工作室成员搭建了相互交流沟通、共同进步的平台,形成了浓厚的教研氛围,特别是对青年教师起到了很好的示范和引领作用,有效推动了不同梯队教师的专业发展。

共学共研共成长

——程江月名师工作室成都研修活动

人间最美四月天,不负春光与时行。为不断提高工作室学员专业水平、促进教师间的交流与发展,近日程江月名师工作室赴成都开启了"幼儿园自主游戏、环境创设与集团化办园专项培训"研修活动。

工作室成员赴成都学习交流合影

走进素有"马背上的摇篮"之称的四川省直属机关玉泉幼儿园。玉泉幼儿园的优秀历史、办园理念以及打造公园城市环境、优化教师团队、搭建家园社联盟等重点工作,让我们感受到其浓厚的红色基因和"爱运动、慧生活"的马背摇篮园本课程特色。

袁园园长在《成为智慧型园长,成就更专业的教师》的专题讲座中提到:建设高素质专业化的教师队伍是园所发展的必经之路,也是时代所需;加强师德师风建设,让有信仰的人讲信仰;让优秀的教师育更幸福的孩子;做幸福的教师,享教育的幸福。全面精彩的分享让我们工作室每一位成员都为之赞叹!

成都市第十四幼儿园和悦分园

何世红园长《文化塑造——集团文化辐射与治理》的专题讲座,介绍了其园所在集团化办园条件下,走向"三和"集团文化重塑,达到园所之间资源共享、共同融合、共同促进的目的,着力打造了具有"五悦儿童,五悦老师"特色的文化飘香、幸福满溢的高品质幼儿园。

成都市第五幼儿园

走进成都市第五幼儿园,映入眼帘的是孩子们做早操的情境。

陈思宏园长向我们介绍了她们园所的办园历程、文化基因、办园宗旨、办学思路及主张等,让我们更加深入地了解了这所有着百年历史的幼儿园。

成都市第六幼儿园

来到成都市第六幼儿园,在一位教师的带领下进行了室内外环境以及幼儿早操的观摩。幼儿园利用场地的优势,根据幼儿的年龄特点及动作发展创设情境,引导幼儿钻、跑、跳、攀爬、投掷等,让幼儿在活动中锻炼了体能提升了技能。

专家讲座

成都市青华区教育科学研究院刘大春教授为我们做了《幼儿园管理沟通中的艺术》讲座。在讲座中,刘教授用诙谐幽默的语言、生动的教育案例、专业的理论知识从"善于表达""用心倾听"两个方面入手,让我们在幼儿园管理中掌握解决矛盾的技巧,从而促进管理者和教师的专业成长。

思维与思维之间的碰撞,给予了每一个人思考、体悟的机会,为大家提供了一个面对面交流的平台。在工作室主持人程老师的引领下,工作室开启了一场研讨的"头脑风暴",针对各幼儿园活动现场和园所文化带来的冲击,教师从课程建构中特色课程、自主游戏、集团化办园、园所文化的思考和资源利用等方面认真分析,并进行了分享。

分享交流会

　　集结微光,燎原前行。教育是一场修行,在未来的路上,在这追梦的季节里,相信在工作室主持人程江月的带领下,我们会遇见更专业的自己,让教育充满思想,让思想充满智慧,一起携手逐梦起航。

花开有声　共促成长

——程江月名师工作室教研活动

　　春意藏,夏初长,风暖人间草木香。为了充分发挥名师工作室的辐射引领作用,加强教师之间的相互合作、交流与探讨,2023年5月10日,程江月名师工作室成员走进孙受中心幼儿园,开展了一系列教研活动。名师工作室成员、孙受辖区联盟园园长参加了本次活动。活动由名师工作室程江月老师主持,名师工作室成员在张园长的带领下参观了幼儿园户外活动和区域活动。

户外活动

青年教师王淑辉执教中班科学活动"小熊家的窗帘",整个活动让孩子们通过观察、探究、操作,逐步掌握 AB、ABC 的排列规律。

教育活动展示

展示活动结束后,名师工作室成员和其他教师进行了深入的交流、研讨。

首先,执教王老师介绍了自己的设计思路并做了自评反思;接下来,名师工作室的成员剖析了活动的亮点与不足,并就设计思路、目标完成度、教学应变能力、师生互动以及幼儿学习效果等方面进行了交流。大家畅所欲言,各抒己见,既肯定教学中的亮点,同时对需要完善与改进之处提出了合理的建议。每一点感受、每一点反思、每一点认同、每一点求异都在现场互动中碰撞出新的火花、新的亮点。

工作室成员将自己在读书中所得到的收获和大家一起分享交流,此次交流会,不仅是交流图书,更重要的是交流思想,处理好读书与教学的关系,最终将书本上学到的理论运用到日常的教学实践中。

分享交流会

本次活动,为我们搭建了一个交流互动的平台,开启了一场思想的碰撞和智慧的交锋，真正实现"资源共享，优势互补，共同提高"。花开有声，共促成长，让我们继续在教育路上砥砺前行。

携手幼教情　互助共成长

——工作室社会实践与结题交流活动

为提升教师之间的相互交流和共同发展，汲取优秀的经验，程江月名师工作室成员走进孙受中心幼儿园，开展社会实践、课题结题交流活动。

社会实践活动，体验快乐赶集

生活大课堂，实践促成长。为了丰富幼儿生活经验，提高幼儿的人际交往、观察和解决问题的能力，让幼儿了解赶集过程，尝试简单的购物，体验赶集的快乐，工作室成员在张园长的带领下，与幼儿一起参加了当地赶大集社会实践活动。在活动中，工作室成员耐心细致地引导幼儿在观察、交流中感受传统大集的氛围，学习使用人民币，尝试解决日常生活中的购物问题，真正做到教育结合生活。

结题材料交流，凝心研究课题

首先，主持人程江月先带领大家一起回顾梳理了两年来课题开展的主要研究工作和活动，展示了研究成果。工作室成员分别阐述了自己课题研究的价值、课题研究中的发现、课题研究的成功之处及不足之处。

接下来，隋老师全面解读了关于课题结题所需要材料、步骤、细节及相关细节，并对结题材料的准备工作进行了详细的分工，指导大家严格按照规范的格式及表述方式撰写课题研究报告，明晰了下一步课题研究方向。

最后，程老师表示，课题研究的过程是工作室、课题组全体成员共同成长的过程，成员们认真实干的开展研究、深入有效的扎实研究，在课题研究中提升了科研能力,提高了业务水平,同时希望课题组成员团结一致、群策群力,全力以赴确保课题顺利结题。

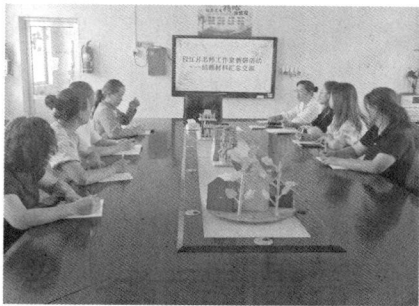

结题交流会

此次活动既拓展了工作室成员的视野,也注入了新理念,带来了新思考。相信在大家的共同努力下,教师的科研能力、业务能力都能获得提高。

程江月名师工作室赴南京研修学习

幼儿园课程质量是幼儿园教育质量的核心。为提升课程质量促进教师队伍发展,探讨幼儿园课程改革的多元路径,提高幼儿园办园水平与课程质量,11月15日至18日,青岛市程江月名师工作室前往南京参加课程建设管理研修班学习。

在开班仪式中,研修负责人陈雅露老师介绍了本次研修安排及与会人员,并对名师名园长工作室及全体学员的到来表示热烈欢迎。

专家引领,提升专业

在开班仪式结束后,南京师范大学的孔起英教授开展《生态美育视野下的幼儿园课程内涵》讲座。孔教授从基本概念谈起,由理论到结合实际案例,深入浅出地阐释儿童立场即儿童的兴趣和需要,将理论与实践相结合,阐明课程建设的原则。

走近园所，品味内涵

在实地参观研讨中，工作室全体成员参观了南师大幼儿园、鹤琴幼儿园、青秀城幼儿园，通过讲座分享、沉浸式互动，走进班级聆听教师讲解班本课程。幼儿园自然体验空间的打造、全体系园所文化的展示，给大家留下了深刻的印象。

工作室成员在课堂上专心倾听专家讲解，在课余时间把握点滴交流研讨，纷纷表示，将以这次活动为契机，认真梳理专家教授意见和建议，不断完善自我，追寻"回归生活、回到儿童"的幼儿园课程，跟上幼儿成长的步伐，不忘初心，砥砺前行……